Lauf Leben, lauf!
Tragik, Wut und Ostseestrand.
Report einer Ungewollten
Suna Geiger

Suna Geiger wuchs an der malerischen Ostseeküste auf und entwickelte früh ein Faible für Menschen und ihre Geschichten. In ihrem literarischen Debüt skizziert sie den Werdegang der facettenreichen Antje.

Sie ist verheiratet, hat zwei Kinder und lebt in Berlin.

Das Werk, einschließlich aller seiner Teile, ist urheberrechtlich geschützt. Jede Verwertung ist ohne Zustimmung der Autorin unzulässig. Dies gilt insbesondere für Vervielfältigungen, Übersetzungen, Mikroverfilmungen und die Einspeicherung und Verarbeitung in elektronischen Systemen.

© 2024

Projektkoordination, Satz: branding-buch.de
Umschlaggestaltung: GuterPunkt, München

Druck und Vertrieb: tredition GmbH, Halenreie 40–44
22359 Hamburg, 1. Auflage (August 2024)

ISBN 978-3-384-30774-3

Prolog	9
Füße im Sand	11
Zwist	15
Zutrauen	19
Urkunden	35
Lehrjahre	51
Übernahme	59
Wiedersehen	65
Waldknall	71
Kisten	81
Verantwortung	85
Überschwemmung	93
Verstehen	99
Familie	107
Abendessen	113
Die letzten Seiten	117

Für Horst.

Vielleicht hast du mein Leben gerettet.

Prolog

Aufgeregt standen meine Schwester und ich in der Küche und beobachteten, wie Mutter den Einkaufskorb auf den dunkelblauen Esstisch hob. Unsere Augen folgten jedem Handgriff, als sie die Lebensmittel auspackte: Honigbär, Milch, Kartoffeln, Konfitüre, Brot, Wasser, Limonade und Obst.

Dann hielt sie einen Plastikbecher hoch, die bunten Aufdrucke waren uns fremd.

Was ist das?, fragte ich.
Das hat Horst euch von seiner Dienstreise mitgebracht. Ein Markenjoghurt aus dem Westen.
Oh, staunte Jenni und sah meine Mutter mit großen Augen an, *kann ich den essen?*

Horst kam gerade wieder in den Raum, als sie zu antworten ansetzte.
Natürlich kannst du ihn haben, lächelte sie ihr zu und überreichte ihr einen Löffel.
Und ich?, fragte ich.
Deine Schwester ist jünger und wächst noch, sie kann den Joghurt essen. Du kannst ja den Deckel ablecken.

Jenni lachte.

Mir fuhr der Schreck in die Glieder, so gedemütigt fühlte ich mich lange nicht mehr. Ich schluckte meine Tränen runter, lächelte, nahm den Deckel und tat so, als würde ich die Joghurtreste ablecken. Danach warf ich ihn in den Müll und ging raus in den Wald.

Glitzernd und lebendig hätte das Leben an der Ostseeküste sein können. Dort wohnen, wo andere Urlaub machen. Viele DDR-Bürger hätten für unseren Wohnort ihr Teuerstes gegeben.

Von außen wirkte es zauberhaft, idyllisch, nicht nur aufgrund der nachts erstrahlenden Leuchttürme. Der Strand mit dem fein-reinen Sand war wohltuend, je nach Jahreszeit frostig oder wärmend.

Die Weite schien endlos, Schiffe deuteten am Horizont eine noch viel größere Welt an.
An der Ostsee zu leben bedeutete, ein Privileg zu genießen. Die frische, salzige Luft war heilsam, körperlich wie seelisch. Auf der Promenade in der Sonne zu flanieren und sich mit selbstgenähten Klamotten zur Schau zu stellen war aufregend und gehörte in der Hauptsaison zum guten Ton.

Eine Kindheit an der See hätte unbeschwert sein können.

Ich aber erzähle eine *andere* Geschichte …

Füße im Sand

Gegen vier ist mir nach Wassereis und Füßen im Sand. Die Sonne wärmt die Ferienanlage auf, es sind fast dreißig Grad. Ich wechsle das Kleid, mache mich frisch und packe ein Buch ein.

Nach einem zehnminütigen Fußmarsch komme ich an. Was habe ich die See vermisst. Ich rieche das Salz, höre die Möwen. Es ist windig, wie immer, aber angenehm. Ich suche mir einen Schattenplatz, mache es mir bequem und fange an zu lesen.

Nach ein paar Minuten fällt mir ein Gerangel auf. Eine Mutter schimpft mit ihrem Sohn, zieht ihn zu sich heran und schreit auf ihn ein. Mir wird flau im Magen. Soll ich dazwischengehen? Manchmal tue ich das, hier entscheide ich mich dagegen. Im Ferienort ist die Situation kontrolliert, manchmal braucht es Rüffel.

Wir machen Urlaub an der Ostsee. Mein Mann ist in der Ferienanlage und muss am Laptop ein paar Sachen erledigen. Unsere erwachsene Tochter ist in Frankfurt geblieben. Zum ersten Mal seit vielen Jahren bin ich wieder hier in der alten Heimat.

Ich unternehme einen weiteren Versuch, lese weiter. Das Wort *eingesperrt* kommt vor. Ich setze ab, blicke in die Ferne. Rechts von mir, am Felsen, noch immer Geschrei. Ich habe Angst, dass die Frau ihren Sohn schlagen könnte, sie steigert sich immer weiter rein, das Kind brüllt. Hier wird Urvertrauen erschüttert.

Mein Kopf rattert. Erneut frage ich mich: Hingehen? Ich fühle mich wie gelähmt. Ich sollte mich nicht einmischen. Bei Kindern und Tieren kenne ich kein Pardon und schlichte, auch bei Fremden.

Jetzt aber kneife ich die Augen zusammen. Passiert das *wirklich* gerade? Mutter und Sohn entfernen sich. Ich versuche ein letztes Mal, weiterzulesen, doch etwas in mir sträubt sich. Ein altbekannter Schmerz macht sich in meiner Brust bemerkbar. Ungebetene Bilder blitzen auf, Erinnerungsfetzen.

Ich habe meine Vergangenheit nicht verwunden, sie mischt sich in meine Gegenwart. In mir bricht Chaos aus, die Realität verschwimmt.

Vielleicht muss ich ein paar Passagen meiner Geschichte Revue passieren lassen, um Frieden zu schließen.

*

Ich wachse in Rostock auf, einer Hansestadt. Ich weiß noch, wie mir zum ersten Mal erzählt wurde, dass ich in einer »Hansestadt« leben würde. Ich habe gefragt, was das bedeuten würde. *Hansestadt* klang lustig, wie *Hans*. Meine Mutter kanzelte mich ab. Erst am Ende meiner Grundstufenzeit wurde mir erklärt, dass es ehemals ein Hansebündnis gab, das vor vielen Jahren etabliert wurde, um die militärischen und wirtschaftlichen Beziehungen zwischen zweihundert Städten in Mittel-, Nord- und Nordosteuropa zu fördern. Teilweise bildeten sie eine gemeinsame Flotte, um Seeräuber zu bekämpfen. Vor etwa dreihundert Jahren zerfiel das Bündnis, noch heute heißen einige Städte Hansestädte.

Wenn ich an Rostock denke, sehe ich rote Backsteingotik-Fassaden vor meinem inneren Auge, das majestätisch anmutende Kröpeliner Tor und die sich angrenzende Kröpeliner Straße mit ihren Geschäften, Cafés und Restaurants.

Vor allem aber denke ich an mein Aufwachsen in einer Plattenbausiedlung, ein paar Kilometer vom Stadtkern entfernt. Es war nicht mehr Rostock, sondern eine kleinere angrenzende Stadt. Ich lebte dort mit meiner Mutter und meinem vier Jahre älteren Stiefbruder Maik, von dem ich erst später erfahren sollte, dass er ›nur‹ mein Stiefbruder war. Zwei Zimmer, einfaches Mobiliar, spartanische Ausstattung. Normal in der DDR, normal für uns.

Meine Mutter zog uns groß und bevorteilte Maik, wo sie nur konnte. Sie terrorisierte mich über Jahre und ließ kaum eine Gelegenheit liegen, mich spüren zu lassen, dass ich nicht vorgesehen war. Einmal zum Beispiel vergaß sie meinen Geburtstag, gratulierte mir einfach nicht. Das wäre bei Maik undenkbar gewesen.

Ein anderes Mal wollte ich mich schick machen, als ein Besuch bei Oma zum Kuchenessen anstand. Mein Pony war gerade frisch geschnitten; es war mir verboten, meine

Haare länger wachsen zu lassen, der Pony ging nie bis über die Augenbrauen. Draußen war es warm an dem Tag und ich freute mich auf das Treffen, sodass ich ein Kleid anziehen wollte. Meine Mutter stellte mir in Aussicht, ich dürfte es zum nächsten feierlichen Anlass tragen. War der Besuch bei Oma nicht ein solcher? Das Kleid war rot und weiß bepunktet, ich mochte es gern. Ich durfte es mir aussuchen, als wir mit der Mutter einer Freundin einkaufen waren. »So gehst du nicht zu Oma«, diktierte meine Mutter. Gründe nannte sie nicht, sondern schickte mich zurück ins Zimmer.

Es waren Demütigungen wie diese, die mir zusetzten und mir das Gefühl gaben, nicht gut genug zu sein und kein Zuhause zu haben. Möglicherweise muss man Töchter vor sich selbst schützen, wenn sie zu kurze Kleider anziehen wollen. Das war aber nicht der Grund; es ging um Schikane. Als ich tränenschluckend ins Zimmer kam, fragte Maik mich, warum ich mich noch mal umziehen würde – und jetzt brach es aus mir raus. Was war falsch an mir und meinen Bedürfnissen? Es war nur ein Kleid.

Ich antwortete Maik nicht, schluchzte vor mich hin und zog eine Jeans an.

Ich hasse meine Mutter nicht, ich war verletzt. Es wurde Vertrauen erschüttert.

Zwist

»Aufmachen!«

Mein Vater donnerte gegen unsere Wohnungstür. Mit meinen fünf Jahren bekam ich es nur gedämpft mit, ich lag unter der Bettdecke, aber es war immer noch laut genug. Im anderen Bett schlief Maik, möglicherweise lag er ebenfalls wach.

»Mach auf, verdammt!«

Meine Mutter schien ihm nicht öffnen zu wollen.

Ich warf die Decke weg, hängte meine Beine aus dem Bett, stand auf, schlich mich an die Zimmertüre und beobachtete das Geschehen durch den fünfzehn Zentimeter geöffneten Türspalt. Nach weiterem Hämmern öffnete meine Mutter die Wohnungstür, mein Vater platzte rein und stieß sie zurück. Was ihr einfiele, ihn draußen zu lassen. Er beleidigte sie, so außer sich hatte ich ihn noch nie gesehen, ich erkannte meinen Vater in ihm nicht wieder. Ich hatte Angst. Sollte ich wegschauen? Nein. Dableiben. Hinschauen. Damit ich weiß, was kommt. Kontrolle bewahren. Mit fünf.

Er packte meine Mutter, drückte sie auf den Küchentisch und verging sich an ihr. Ich verstand nicht, was passierte. Ich wusste nur: Das ist nicht gut, das sollte nicht sein. Es ist Unrecht. Stöße, immer weiter. Irgendwann riss sie sich los, drückte ihn weg. Er donnerte nach hinten, prallte an die Küchenzeile. Heute weiß ich, dass er angetrunken war. Meine Mutter öffnete die Schublade, griff nach einem Messer und drohte ihm. Er zog die Hose hoch und verließ die Wohnung.

Und neben mir im Bett Maik. Mein großer Bruder. Ich hätte mir gewünscht, dass er ein großer Bruder für mich gewesen wäre, eine Person, die mich sah und schützte. Er aber lag in seinem Bett und schlief. Oder gab vor, zu schlafen.

*

Maik war Mutters Liebling. Er wurde verwöhnt, geachtet, gefördert. Ich fand ihn toll, auf freundschaftlich-brüderlicher Ebene. Ich sehnte mich danach, einen Bruder zu haben, an dessen Schulter ich mich lehnen könnte. Ich fantasierte, dass er mich zu Geburtstagsfeiern mitnehmen würde. Ich hätte mich bedeutsam gefühlt. Die Realität war, dass er sich zwar mit mir beschäftigte, aber nur bis zu dem Punkt, an dem es ihn nichts ›kostete‹. Nie im Leben hätte er seine kleine Schwester auf Geburtstage mitgenommen. Auch heute lache ich über diese Vorstellung. Aber so war es damals. Er war meine favorisierte Bezugsperson, ich schaute mir Marotten von ihm ab und bewunderte ihn. Wer, wenn nicht er, sollte mein Rollenmodell sein? Von wem, wenn nicht von ihm, sollte ich mir abschauen können, wie Leben funktioniert?

Ich redete mir ein, dass er mich genauso sehen würde, es nur nicht zeigen konnte. In meiner Vorstellung fand er es genau so nett, mit seiner kleinen Schwester auf Ausflüge zu fahren oder an Treffen teilzunehmen. Er war nur zeitlich nicht in der Lage dazu, das umzusetzen. Er hätte so gern – aber er konnte nicht. Das war jedenfalls die Geschichte, die ich mir selbst erzählt habe. Bis ich zwölf Jahre alt war und er sechzehn – und wir allein zu Hause waren.

Meine Mutter und ihr damaliger aktueller Lebensgefährte waren fort, gingen ins Kino. Hektisch waren sie, offenbar zu spät. »Hilfst du mir beim Kleid?« Stille, keine Reaktion. »Hilft mir jemand beim Kleid?«, in unsere Richtung. Maik regte sich nicht, blätterte in einem Magazin. Ich war zur Stelle und half meiner Mutter. »Wann seid ihr wieder da?«, fragte ich. Lieblose Antwort: »Mal gucken.« Als Maik wenig später die gleiche Frage stellte, gab sie eine lange Antwort, erzählte ausführlich von den Plänen. Immer wieder Ablehnung.

*

Unsere Wohnung hatte drei Zimmer, eine Küche und eine Toilette auf dem Gang. Wir wuschen uns in der Küche, meist ohne Privatsphäre. Ein roter, schwerer Vorhang trennte das Doppelstockbett vom mütterlichen Bett und wir bekamen mit, was unsere Mutter trieb.

Sie lernte Ronald kennen, einen unscheinbaren Typen. Sie mochte ihn. Mochte auch er sie? Sie genoss es, begehrt zu werden.

Wenn ich morgens mitbekam, wie er durch unsere Wohnung huschte und seine Schuhe anzog, grüßte er mich und guckte verschämt auf den Dielenboden. Ihm war nicht am Aufbau einer Beziehung gelegen, er schien meine Mutter nur für *das eine* treffen zu wollen. Ein paar Monate später kam Ronald nicht mehr wieder. Ich weiß nicht, ob sie sich gestritten haben, aber es war aus.

Dafür trat Horst an seine Stelle und meine Stimmung erhellte sich.

Zutrauen

Ich erinnere mich an den Tag, an dem ich *ihn* kennenlernte. Es fühlte sich für mich fast so an, als wäre er mit mir zusammengekommen, statt mit meiner Mutter. Endlich durfte ich Familie erleben. Ich war froh, dass es jemanden gab, der mich aufzufangen wusste.

Horst kam zu uns in die Wohnung und strahlte, als er mich sah. Er war groß und stämmig, etwas jünger als meine Mutter und studierte Medizin. »Du musst Antje sein?«, sagte er, während er mir die Hand gab. Sofort fasste ich Vertrauen. Kinder merken schnell, ob sie jemandem vertrauen können. Sie analysieren die Mimik, hören Zwischentöne und spüren, ob es jemand ernst meint.

Ich empfand *Wärme* und *Sicherheit* – und das gab mir unglaublich viel.

In Horsts Gegenwart fühlte ich mich *gesehen* und nicht mehr nur als lästige Tochter meiner Mutter. Ich war gerade eingeschult worden und konnte ihm immer was aus der Schule erzählen. Er hatte Träume, wollte nach seinem Studium ins Ausland, charakterlich war er ruhig und harmoniebedürftig.

Horsts Mutter hieß Erna und wurde für mich zu Oma Erna, meiner zweiten Großmutter, und sie behandelte mich besonders liebevoll. Ich habe viel von Horst gelernt: das familiäre Stützen, aber auch eine Besonnenheit im Umgang mit Menschen. Sein Vater Walter, mein zweiter, neuer Großvater, war skeptisch und distanziert zu uns allen, auch zu mir. Als Oberhaupt traf er die Entscheidungen für seine Familie, grummelig und intransparent.

Trotz seiner Bedenken heirateten meine Mutter und Horst und plötzlich hatte ich einen echten Papa. So seltsam es klingt, aber ein bisschen fühlte es sich so an, als wäre ich mit Horst verheiratet worden – willens und voller Freude!

Wir verbrachten nicht mal übermäßig viel Zeit miteinander, aber das Gefühl, das er mir gab, war ein großes Geschenk, da ich spürte, dass sich mein Aufwachsen langsam mit Leben füllen konnte. Und mit Liebe.

*

Wir zogen um, direkt an die Küste und in die Nähe meiner Großmutter mütterlicherseits. Endlich fühlte ich mich familiär eingebunden und an diese Zeit habe ich wahnsinnig schöne Erinnerungen. Unsere neue Wohnstätte befand sich in einer renovierungsbedürftigen Villa im Wald, ungefähr zehn Gehminuten von der Küste entfernt. Drei schlauchförmig angeordnete Räume und altes Mobiliar. Oma Berta hatte einen Schäferhund, zu dem ich eine besondere Beziehung aufbaute.

Ich genoss es, mit ihm zu spielen, während mein Großvater zuschaute, streng und mit wenig Emotionen.

Im Herbst baute ich mir aus buntem Laub mein eigenes Reich, aß Bucheckern und liebte den Geruch von Pilzen und modrig-frischer Luft. In der neuen Wohnung lag mein Zimmer hinten, mit Blick auf den Hof.

Ein bisschen wie in einem Märchen, nur dass es kein richtiges Badezimmer gab, sondern nur ein Waschbecken im Flur und individuelle Toiletten im Treppenhaus.

Als Horst sein Studium beendete, war er oft monatelang weg. Diese Zeiten waren hart für mich, da ich meiner Mutter dann schutzlos ausgeliefert war. Ihr Verhalten mir gegenüber war undurchsichtig und unberechenbar. Mal war sie für einen Moment lieb und nett und es blitzte der Anschein durch, dass sie mich nicht vollkommen ablehnte – nur um dann im nächsten Augenblick wieder mit harter Hand zu regieren und mich zu ohrfeigen.

Die Rückkehr von Papa Horst war immer ein Highlight. Er brachte mir kleine Geschenke mit und interessierte sich für mich. Es zerriss mich jedes Mal aufs Neue, wenn er gehen musste und ich mit meiner Mutter und Maik zurückblieb.

In der polytechnischen Oberschule lernten wir, sozialistische Persönlichkeiten zu werden, geprägt von einem einheitlichen sozialistischen Bildungssystem.

Das Leben in dieser Zeit war eine Mischung aus Herausforderungen und Freuden, geprägt von der komplexen Dynamik unserer Familie und der Gemeinschaft, in der wir lebten.

*

Seit meiner Kindheit war ich Teil eines Systems, das mich formte, bevor ich verstand, was Formung bedeutete. In der DDR war Bildung nicht nur ein Weg des Lernens, sondern eine Prägung des Geistes im Sinne des Marxismus-Leninismus. Über die Jahre entwickelte sich das Bildungswesen zu einem geschlossenen System. Vom Kindergarten bis zur Universität war alles darauf ausgerichtet, die Schüler in einheitliche sozialistische Bildungssysteme zu integrieren. Das am 25. Februar 1965 von der Volkskammer verabschiedete *Gesetz über das einheitliche sozialistische Bildungssystem* legte das Ziel in allen Bildungsbereichen fest. Der Staat verfolgte eine hohe Bildung für das Volk, um eine allseitige Erziehung zu erwirken und zeitlich dazu zu befähigen, das gesellschaftliche Leben zu gestalten, die Natur zu verändern und ein erfülltes Leben zu führen.

Dieses Ziel sollte den sozialistischen Staat und alle gesellschaftlichen Kräfte in ihrer Bildungs- und Erziehungsarbeit vereinen.

Obwohl dieses Gesetz jedem Bürger das gleiche Recht auf Bildung zusicherte, wurde das Bildungswesen durch sein systematisches Aufeinanderbezogensein aller Einrichtungen und deren kalkuliertes Ineinandergreifen zum Kernstück einer Erziehungsdiktatur.

Ich wuchs in diesem System auf, in dem jeder Schritt Teil einer staatlich orchestrierten Maschinerie war. Zwar sollten wir das gesellschaftliche Leben aktiv gestalten, aber ... wie? Die Grenzen waren klar definiert und eng gezogen. Ein Anecken *durfte* und *wollte* man nicht riskieren.

Nicht nur einmal dachte ich darüber nach, dass meine kleine Familie ein perfektes Ebenbild dieses großen Verbundes war.

*

Meine Leistungen waren gut, auch wenn ich mich weniger für die Schule interessierte und mehr für den Sport. Ich wurde acht und hatte mich an den Alltag mit meiner Mutter, Horst und Maik gewöhnt.

Meine Mutter behandelte Maik und mich weiterhin unterschiedlich und ich fügte mich in die Gesamtsituation ein. Mir fiel es schwer, die Lebensorientierung zu behalten, denn unsere Mutter war unberechenbar und oft kippte ihre Stimmung. Schutz erfuhr ich durch Maik nicht.

Meine Mutter war schön, rassig, mit schlanker Silhouette. Zu dem Zeitpunkt führte sie einen Blumenladen mit zwei Verkäuferinnen. Sie hatte ihren Beruf in einer Gärtnerei gelernt und kam gut mit den Anforderungen der gärtnerischen Produktionsgenossenschaft zurecht. Selten bis gar nicht hinterfragte sie das politische System, in dem sie lebte. Ich hörte einmal eine Unterhaltung zwischen ihr und Horst mit, in der sie erzählte, wie sie von einem der Beamten aufgesucht und befragt wurde. Horst hielt sich bedeckt. Ich glaube, meine Mutter war auf ihrer Arbeit eine gutgelaunte Frau, die viele Kunden einnahm mit ihrer Art. Mich nahm sie nie mit, weshalb ich das nicht aus erster Hand beurteilen konnte; aber viele schwärmten von ihrer Ausstrahlung. Sie wirkte charismatisch und gepflegt, achtete auf ihr Äußeres.

Zuhause war sie oft launisch, ungerecht und streng. Es hat mich Zeit gekostet, das zu erkennen, aber ich denke, sie war nicht in der Lage, mir ein warmes, geborgenes Zuhause zu bieten. Anfragen meines leiblichen Vaters, der Kontakt zu uns Kindern aufnehmen wollte, blockte sie ab. Es hieß, er wäre von der See weggezogen, um in Meißen den elterlichen Betrieb weiterzuführen.

*

Das Leben schien es für einen Moment gut mit mir zu meinen. Ich fühlte mich lebendiger und konnte die Ablehnung meiner Mutter besser ignorieren. Die Luft, die ich atmete, schien gefiltert und reiner zu werden. Wenn meine Mutter zufrieden war, ging es auch mir gut – und umgekehrt. Doch diese Abhängigkeit war für meine Entwicklung verstörend, denn ich konnte nicht auf das bedingungslose Vertrauen meiner Mutter bauen. Horst war, als ausgebildeter Arzt, beruflich auf Schiffen tätig und oft monatelang auf dem Mittelmeer unterwegs. Seine Abwesenheit machte mir zu schaffen. Ich vermisste den Schutz, den er mir vor meiner Mutter bot.

Wenn er weg war, verhielt ich mich trotzig und war unausgeglichen. Ich fürchtete mich vor der Einsamkeit. Meine Mutter *konnte* oder *wollte* sich nicht auf mich einstellen, mich annehmen. Sie kritisierte mich, und wenn ich nicht gehorchte, folgten Ohrfeigen und Verbote, manchmal mit Holzhandfegern oder Teppichklopfern. Maik blieb von diesen Ausbrüchen verschont.

Zweimal wurde ich in Kinderkurheime im grünen, hügeligen Harz geschickt, weil ich nach Meinung des Kinderarztes untergewichtig war. Ich wollte dort nicht hin und vermisste meine geliebte Ostsee bereits, bevor die Reise begann. Ich hatte unbeschreibliche Angst, konnte nicht schlafen und war nervös. Beim ersten Aufenthalt war ich gerade einmal fünf Jahre alt. Das Essen musste aufgegessen werden und die Betreuer akzeptierten es nicht, wenn ich nicht mehr essen konnte oder wollte. Die ohnehin kleine Auswahl wurde lieblos serviert und schmeckte fad, auf die Wünsche der Kinder wurde nicht eingegangen. Oft weinte ich beim Essen, obwohl ich es von zu Hause gewohnt war, meinen Teller zu leeren. Ich tat es und verbarg das Essen im Mund, bat dann darum, zur Toilette gehen zu dürfen und übergab mich. Die Situation reichte von gewalttätigen Bestrafungen bei Kleinigkeiten bis hin zu öffentlichen Demütigungen vor anderen Kindern.

Verschickungskinder teilten ein leidvolles Schicksal. In den Jahren nach dem Krieg wurden zehntausende Kinder zur Kräftigung in Kur verschickt. Was als Maßnahme zur Gesundheitsförderung begann, entpuppte sich als Quälerei, die bis in die 1990er-Jahre hineinreichte. Kinder mussten unter demütigenden Bedingungen ihr Erbrochenes essen, Toilettenverbote befolgen und Schläge mit Stöcken erdulden. Anstelle von Spielen und liebevoller Betreuung wurden sie mit Medikamenten ruhiggestellt, Tabletten und Spritzen ersetzten die fürsorgliche Hand. Waren sie unruhig oder bekamen Heimweh, wurden sie sediert. Der Fokus lag nicht auf ihrem Wohlergehen, sondern auf der Aufrechterhaltung der Stätte. In manchen Heimen wurden Kinder gar für Medikamentenstudien missbraucht.

Die Eltern waren fest davon überzeugt, ihren Kindern etwas Gutes zu tun, als sie sie in Kurheime schickten.

Dieses Modell wurde von Schulen, Gesundheitsämtern und Ärzten stark unterstützt.

Doch nach sechs Wochen kehrten viele Kinder verstört nach Hause zurück. Eltern konnten das kaum glauben, schließlich klangen die Briefe aus der Kur so fröhlich. Was sie nicht wussten: Die Kinder wurden gezwungen oder sogar bedroht, nur Positives zu berichten.

In den Heimen arbeitete oft Personal ohne pädagogische Ausbildung, dessen Praktiken noch stark vom Kollektivverhalten des Nationalsozialismus geprägt waren. Kinder wurden als von Natur aus schlecht angesehen und entsprechend behandelt.

Die Folgen für die Kinder waren gravierend. Viele litten unter Lernschwächen, Angststörungen, Depressionen und Problemen in sozialen Beziehungen. Die negativen Rückmeldungen, die sie als Kinder von den Erwachsenen erhielten, prägten ihr Selbstbild tief und nachhaltig.

*

An einem Tag kam Horst unerwartet in meine Schule. Ich sah ihn durch das Klassenzimmerfenster kommen und spürte sofort, dass etwas Ungewöhnliches geschehen war. Er sprach kurz mit meiner Lehrerin und kam dann zu mir: »Antje, du hast eine Schwester bekommen!« Ich konnte es kaum fassen. Ich habe natürlich über all die Monate den wachsenden Bauch meiner Mutter beobachtet, aber jetzt ging es doch schneller als erwartet. Freude überkam mich, aber auch Angst.

Wut kämpfte gegen die Neugier. Ich fürchtete, meine Mutter könnte das Neugeborene mehr lieben als mich. Bereits Maik hatte mir einen Teil der Liebe weggenommen – und jetzt kam ein kleines, hilfloses Wesen dazu? Ich fühlte mich auf gewisse Weise von dem Baby bedroht, ohne es je gesehen zu haben. Und sollte recht behalten.

In der Sekunde ließ ich mir nichts anmerken. Ich spielte Freude vor, Horst war aufgeregt, zum ersten Mal ›richtiger‹ Vater geworden. Meine kleine Halbschwester Jenni war ein Lebensbündel, entzückend aber anstrengend, da sie oft wie eine Sirene schrie und unsere Mutter an den Rand ihrer Kapazitäten brachte.

Ich war eifersüchtig, weil Jenni und Horst ein enges Verhältnis zueinander hatten. Klar – sie war sein erstes leibliches Kind. Bestimmt sah er mich auch als Tochter an … aber Blut ist dicker als Wasser.

Und obwohl er sich das nie anmerken ließ, spürte ich, dass die beiden noch einen Tick enger verbunden waren.

Mit gerade einmal sechs Monaten wurde Jenni in die Kinderkrippe geschickt, eine übliche Praxis im sozialistischen Staat. In dieser neuen Familiendynamik fühlte ich mich noch mehr am Rand, als kämpfte ich gegen unsichtbare Wellen, um einen Platz im Gefüge zu finden.

*

Nach dem Zweiten Weltkrieg wurde der Ausbau des Krippenwesens in der DDR forciert, um jungen Müttern die Erwerbstätigkeit zu ermöglichen.

Es ging dabei nicht um Gleichberechtigung, sondern um ökonomische Notwendigkeiten: Frauen sollten genauso produktiv sein wie Männer. Die meisten Kinder, auch ich, kamen in eine staatliche Betreuung, in deren Rahmen die SED-Staatspartei Einfluss auf die Erziehung nehmen konnte.

Manchmal wirken die Erfahrungsberichte auf mich überdramatisiert. Uns hat niemand gedrängt, dem Sozialismus zu huldigen oder gegen Amerika zu wettern.

Die Einflüsse waren subtil, oft unbeabsichtigt. Noch heute gehe ich davon aus, dass die Lehrer keinem Indoktrinierungsauftrag folgten; vielmehr muss man sich den Rahmen vergegenwärtigen. Die Kinderbetreuungseinrichtungen waren umfassend ausgebaut. 1989 gab es für fast jedes Kind in den Großstädten einen Krippenplatz, im Vergleich dazu gab es in der Bundesrepublik nur für einen Bruchteil der Kinder solche Betreuungsangebote. Die Betreuung wurde vom Staat finanziert und die Eltern mussten lediglich für das Essen zahlen – ein Mittagessen kostete beispielsweise 1,40 Mark.

Die Öffnungszeiten der Einrichtungen waren länger als im Westen, teilweise bis neunzehn Uhr. Viele Kinder verbrachten zehn und mehr Stunden in Krippen, Kindergärten oder in der Schule und im Hort – jeden Tag. Die Mütter arbeiteten wie die Männer Vollzeit, Teilzeitstellen waren selten. In Wochenkrippen wurden kleinere und größere Kinder von Montagmorgen bis Freitagabend untergebracht – gut besonders für Schichtarbeiter. Das ›Programm für die Erziehungsarbeit‹ legte fest, wie die Betreuung auszusehen hatte.

Alles zielte auf die Gemeinschaft ab, Individualität wurde wenig geschätzt. Der Tagesablauf war bis ins Detail geregelt und alles wurde gemeinsam gemacht – *Essen*, *Sport*, *Toilettengänge* und *Schlafen*.

Wenn ich erzähle, dass es keine unmittelbare Indoktrinierung gab, bedeutet das nicht, dass wir mit Samthandschuhen angefasst worden wären. Der Erziehungsstil war autoritär. Gehorsam wurde erwartet und notfalls auch mit Gewalt durchgesetzt. Im Kindergarten wurden wir gezielt auf die Schule vorbereitet, indem wir erste Buchstaben schrieben und bis zehn zählten. Diese strenge Prägung hat mich geformt.

*

Meine Großeltern mütterlicherseits waren immer präsent in meinem Leben. Mein Großvater Bernd machte es meiner Großmutter Berta nicht leicht, da er und mein anderer Opa, Walter, eher emotionslos wirkten. Dennoch waren Bernd und Berta berufstätig. Nachdem wir in ihren Wohnort gezogen waren, verbrachte ich viel Zeit mit meiner Großmutter.

Besonders in den Ferien, an den Abenden und Wochenenden waren diese Momente eine willkommene Abwechslung.

Mit meiner Großmutter zu sprechen, selbst bei alltäglichen Aufgaben wie dem Abwaschen des Geschirrs, war immer etwas Besonderes. Es fühlte sich nie wie Arbeit an, im Gegensatz zu den Aufgaben, die ich für meine Mutter erledigen musste.

Diese Zeit mit meiner Großmutter war erfüllt von Wärme und Geborgenheit, und ich schätzte jede Minute, die ich mit ihr verbringen durfte.

Sie war klein und zierlich und ich erinnere mich, wie sie immer ihre geblümte Küchenschürze trug, wenn sie arbeitete. Das Mittagessen musste pünktlich um zwölf Uhr auf dem Tisch stehen, das war eine feste Regel bei Großvater Bernd. Wenn das Essen nicht rechtzeitig fertig war, schimpfte er. Funktionierte alles, kam allerdings selten ein Dankeschön.

Es gab oft mein Lieblingsessen: Kohlrouladen. Sie bereitete sie mit viel Hingabe zu und ich schaute ihr gerne über die Schulter. Zuerst übergoss sie den Kohlkopf mit siedendem Wasser und ließ ihn einige Minuten köcheln. Nach der Abkühlung entfernte sie die äußeren Blätter. Das Hackfleisch wurde mit Eiern, Gewürzen und Senf gemischt und auf die Kohlblätter verteilt, die sorgfältig eingerollt wurden. Rouladennadeln und Fäden hielten die Rouladen zusammen. In einer mit Sonnenblumenöl erhitzten Pfanne wurden sie dann kurz angebraten und anschließend fünfundvierzig Minuten lang geköchelt. Oma Berta nahm die Rouladen heraus und würzte die Brühe zu einer köstlichen Soße. Dazu gab es selbstgemachten Kartoffelbrei. Das Essen bei ihr war immer etwas Besonderes. Ich liebte meine Großmutter sehr, sie war in meinen Kinder- und Teenagerjahren eine große Stütze, besonders wenn es mal wieder Streit zwischen mir und meiner Mutter gab. In ihrer Küche, umgeben von den Düften und der Wärme, fühlte ich mich immer am sichersten und am meisten zu Hause.

Der Horizont unseres Meeres war geprägt von strahlender Sonne und dem Rauschen der rauen Wellen, die manchmal beinahe zu verschwinden schienen. Schon früh im Jahr lockte mich das Wasser zum Baden. Ich stellte mich der Kälte für eine gewisse Klarheit und dafür, zu spüren, dass ich noch am Leben war. Ein geblümt gemustertes Frottana-Handtuch war bei Spaziergängen mit meiner Oma Berta immer dabei; es durfte nie fehlen, denn die Lust, spontan ins Meer zu sprinten, konnte mich jederzeit überkommen.

Der Höhepunkt solcher Momente war, mit dem Blick auf den Boden gerichtet, fest daran zu glauben, einen besonderen Stein zu finden.

Besonders nach langen Spaziergängen liebte ich es, das Salz auf der Haut zu spüren. In den ersten Jahren meines Lebens war es ein unergründliches und befreiendes Gefühl, nackt ins Wasser zu gehen und mich am Strand frei zu fühlen. Das Nacktbaden war einer der schönen Aspekte der damals weitverbreiteten Offenheit gegenüber der natürlichen Existenz und der Freikörperkultur, die viele Bürger der DDR pflegten.

Für viele gehörte das Nacktbaden zum gelebten Urlaubsvergnügen, mit einer Normalität, die es in wenigen anderen Ländern gab. Als ich klein war, galt es als normal, am Strand die Hüllen fallen zu lassen. In den 1950er-Jahren allerdings war es noch verboten, und es galt als öffentliches Ärgernis. Mein Großvater erzählte mir, dass die Volkspolizei der DDR versuchte, dies zu überwachen, jedoch gelang es ihr nicht, das Verbot aufrechtzuerhalten.

Die Bevölkerung wehrte sich, setzte sich für die Freiheit des Nacktseins ein und gewann. Offizielle Abschnitte für die Freikörperkultur wurden an den Ostseestränden extra ausgewiesen.

*

Der Freie Deutsche Gewerkschaftsbund, abgekürzt FDGB, und die Betriebsferienheime spielten eine zentrale Rolle bei der Vergabe der begrenzten Urlaubsplätze an die Werktätigen. In der Hochsaison wurden sogar private Unterkünfte zur Vermietung hergerichtet, wobei einige Einheimische zeitweise in ihren Hühnerställen Unterschlupf fanden, um ihre Häuser an Feriengäste zu vermieten. Der FDGB war in der DDR der führende Anbieter für Urlaubsreisen, und so zog es die Bürger, die sich eine Auszeit vom Alltag verdient hatten, vor allem im Sommer an die beliebte Ostseeküste. Diese Plätze waren begehrt, während Unterkünfte in anderen Regionen der DDR weniger attraktiv erschienen.

Die Zuteilung der Ferienplätze erfolgte durch eine Ferienkommission, die nach sozialen Kriterien entschied, wenn auch nicht immer gerecht.

Mit der Öffnung der Urlaubsangebote war es nun auch anderen möglich, die spektakulären blutroten Sonnenunter- und die majestätisch aufsteigenden Sonnenaufgänge zu genießen. Mit dem Ausklang der Ferienzeit Ende August stellte sich der Alltag wieder ein, und das nahende Saisonende war deutlich wahrnehmbar. Saisonarbeiter in der Gastronomie, im Friseurgewerbe und in Lebensmittelgeschäften kehrten wieder in ihre Heimatorte zurück, beispielsweise nach Sachsen.

Ohne diese Arbeitskräfte hätte die Versorgung der Urlauber während des Andrangs kaum bewältigt werden können.

Auch für mich kehrte die ersehnte Stille zurück und der Traum von dieser Idylle hätte weitergehen können. Die natürlich gewachsenen Dünen boten ein ideales Versteck für Spiele und luden zum Träumen ein. Hinter den Kulissen konnten wir alle unserer Fantasie freien Lauf lassen und uns unsere eigene kleine Welt erschaffen.

Doch Träume sind dazu da, realisiert zu werden – lebendig, farbenfroh und wunderschön.

So schön wie der goldgelbe Bernstein, das Gold der Ostsee. Ich war immer eine aufmerksame Strandgängerin und fand einige fossile Harzstückchen. Allein diese magischen Steine zu finden, war Glück für mich. Bernsteine wurden besonders in den Herbst- und Wintermonaten nach Stürmen an der Ostsee von den Wellen angespült und gefunden. Sie trieben bei kühlen Temperaturen, da dadurch ihre Dichte stieg, an die Meeresoberfläche. Hin und wieder fanden wir sie, versteckt zwischen Algen, Muscheln und Sand. Es war wie mit einem Hühnergott. Genau hinsehen, das Schöne der Natur erkennen. Freudestrahlend und voller Stolz zeigte ich Großvater Bernd meine Findlinge. Er selbst hatte unzählige in seinem Leben gefunden und einmal einen solch großen, dass er lange Zeit mein Fenster zierte.

*

Als Maik in die Pubertät kam, entdeckte ich ihn neu. Eines Abends schauten wir gemeinsam einen Film und er legte plötzlich den Arm um mich und griff mir an die Brust.

Ich erstarrte – hatte er sich ›vergriffen‹? Ich fühlte mich beklommen, war nicht fähig, ein Wort rauszubringen. Ich versuchte, mich aufzurichten, möglicherweise hatte er nicht gemerkt, wo er mich berührte. Es blieb bei diesem einen Zwischenfall. Unser Verhältnis änderte sich, er schien mich fortan ernster zu nehmen. Er wurde reifer, wir redeten über das Leben, die Schule, die Arbeit, die Nachbarschaft – und ein bisschen über unsere Mutter und Horst.

Wo er wohl stecken würde, im Ausland, seine langen Fahrten. Maik fragte sich, ob er ihr treu sein würde. Unzählige Male fanden wir uns in unserer DDR-typischen Sitzecke wieder, mit einem freistehenden Cocktailsessel und einem dunkelbraunen Nierentisch vor uns. Wir redeten bis spät abends – aber immer über andere Themen. Hin und wieder entwickelten sich unsere Gespräche zu Kissenschlachten oder Raufereien, wie es bei Geschwistern eben so ist. Es war befriedigend, Normalität jetzt auch mit meinem Bruder zu spüren, nicht mehr nur mit Horst. Endlich war ich mit meinen Gedanken und Gefühlen nicht mehr isoliert und abgekapselt, sondern konnte auf eine Basis zurückgreifen. Ich wollte ihm gefallen, nicht als *Mädchen*, sondern als *Mensch*. Ich wollte *groß* wirken und *erwachsen* – wie er.

Meine Mutter belehrte mich eines Besseren und zeigte mir, dass mein Platz nicht *zwischen* ihr und meinem Bruder war, sondern weit abgeschlagen *dahinter*. Maik spielte ein Instrument, war Mitglied des Orchesters. Wenn er sich etwas wünschte, wurde dem sofort zugestimmt, während ich, mit meinem Sport, ewig betteln musste.

Apropos Sport …

Urkunden

Ich konnte sprinten wie ein schwarz gescheckter Gepard auf der Jagd. Laufen war mein Talent, auch wenn es darum ging, vor meiner Mutter davonzulaufen. Meine Schnelligkeit machte es schwer, mich zu überholen.

Die Spartakiaden waren der sportliche Höhepunkt in der DDR. Sie zielten darauf ab, Kinder und Jugendliche zu erfassen und zu Sport und Wettkampf zu motivieren. Schon früh begannen die dafür Abgestellten damit, junge Sportler zu sichten. Schulen und Kindergärten in der DDR dienten als Wachstumshort für Talente, die nur noch entdeckt und ›gepflückt‹ werden mussten. Wissenschaftliche Programme prüften die Kinder auf ihre Eignung in bestimmten Disziplinen, und wer Potenzial zeigte, wurde zu spezialisierten Sportgruppen oder Trainingszentren delegiert.

Die endgültige Entscheidung, ob man eine Sportart verfolgen wollte, lag bei den Eltern, doch das war meistens ein Selbstläufer; zu groß war der Reiz, Weltklasseleistungen zu erreichen, verbunden mit Ansehen, materiellen Vorteilen und der Möglichkeit, ins Ausland zu reisen. Viele Eltern waren stolz auf die Begabung ihrer Kinder. Praktisch war es auch: Bei einer hohen Frauenberufstätigkeit waren die Kinder nachmittags durch den Sport gut betreut.

Die Kinder wurden regelmäßig auf ihre Leistung geprüft. Wer die Erwartungen erfüllte, konnte auf eine Förderung und den Aufstieg in den Nationalkader hoffen. Diejenigen, die die Leistung nicht brachten, wurden sich selbst überlassen. Viele Trainingszentren boten ihnen dann noch ein *Abtrainingsprogramm* an, mit dem sie gesundheitliche Risiken minimieren konnten, aber der Verlust der strukturierten Tagesabläufe und der sportlichen Gemeinschaft war für viele ein harter Schlag.

Auf lokaler Ebene stand bei den Spartakiaden der Spaß im Vordergrund, auf höheren Ebenen der Leistungssport. 1983 zählten die Spartakiaden über eine Million Teilnehmer.

Teilnehmen konnte jeder, der die Qualifikationskriterien erfüllte. Die Spartakiaden, besonders ab der Bezirksebene, erhielten viel Unterstützung und waren politisch bedeutsam. Viele spätere Olympiasieger und Weltmeister der DDR wie Ulrich Wehling oder Roland Matthes begannen ihre Karrieren bei diesen Wettkämpfen.

Mit der Zeit entwickelten sich die Spartakiaden zu Schauveranstaltungen politischer Natur und störten die individuellen Trainingspläne der auf internationale Wettbewerbe ausgerichteten Sportclubs. Die Leistungsdichte im Spitzenbereich führte zu verstärkter Rivalität. Immer mehr trat der sportliche Aspekt in den Hintergrund, während die Spartakiaden zunehmend zum Politikum wurden.

Mein Talent wurde früh erkannt und ich entwickelte eine Leidenschaft, die mir über die schweren Zeiten hinweghalf. Ich war eine gute Schülerin, doch mein Interesse galt dem Sport, besonders dem Laufen auf Kurzstrecken. Ich war schneller als eine Welle, die am Strand ausläuft, wie eine Gepardin.

Unabhängig und autark fühlte ich mich, wenn ich an der Startlinie neben den anderen Teilnehmerinnen stand. Bei jeder Spartakiade wollte ich gewinnen und trainierte bis zu dreimal wöchentlich. Der Sportplatz lag direkt neben dem Wald und wurde zu meinem persönlichen Rückzugsort.

Die Sportwettkämpfe wurden zu meinen eigenen kleinen Olympischen Spielen. Ich erlebte den Nervenkitzel des Wettbewerbs, den Ehrgeiz und den Triumph. Obwohl sie darauf ausgerichtet waren, junge Sporttalente zu entdecken und zu fördern, waren sie *mehr* als das. Ich fühlte mich so lebendig und frei wie nur selten.

Zum Start einer Spartakiade war ich unabhängig und stark. Neben mir waren andere Läuferinnen aufgereiht und ich war entschlossen, zu gewinnen. Laufen war meine Stärke, meine Flucht und es war schwer, mich im Sprint zu überholen.

Ich erreichte große Erfolge auf Kreis-, Bezirks- und sogar auf DDR-Ebene, sogar Stürze konnten meinen Willen nicht brechen.

Ich stand auf, richtete meine Krone und lief weiter. Diese Momente des Erfolgs gaben meinem Leben einen Sinn. Sie waren meine Bestätigung, dass ich etwas wert war. Zum ersten Mal erfuhr ich so etwas wie eine Daseinsberechtigung, etwas, was ich von meiner Mutter zuhause stets abgesprochen bekam.

*

Mein Trainer war Mitte vierzig, Sportlehrer, und hieß Otto. Er erkannte mein Talent und wurde meine Vertrauensperson. Mit ganzer Kraft setzte er sich für meine Förderung ein, sogar vor meiner Mutter, die erst Einwände hatte und mich vom Training abhalten wollte. Ich solle mir die Spinnerei aus dem Kopf schlagen und etwas Anständiges lernen, schimpfte sie, wenn Otto nicht dabei war – und wenn er dabei war, griff sie auf andere Argumente zurück, um mich vom Training abzuhalten.

Eines Nachmittags stand ich mit Otto spontan im Wohnzimmer, er hatte mich nach Hause begleitet, weil er in meine Richtung musste. Ich weiß nicht mehr genau, was anstand, aber für irgendetwas brauchte er die explizite Erlaubnis meiner Mutter.

Sie war ebenfalls schon zu Hause und überrascht von dem spontanen Besuch.

Ihre Tochter, antwortete sie, sei für etwas anderes bestimmt. Sie habe die Sorge, ich könnte für den Sport die Schule oder meine Freunde vernachlässigen. Ich konnte nicht fassen, wie sie ihn manipulieren wollte. Als ob sie sich je großartig für meine Freunde interessiert hätte – und jetzt führte sie das als Grund an, mir meinen Sport wegzunehmen? Ich war entsetzt, ließ mir aber nichts anmerken, fraß alles in mich hinein. Zu meinem Glück durchschaute Otto diese Ausreden und ließ sich nicht ablenken.

Es gibt Momente im Leben, da weiß man, dass man ausgeliefert und andererseits darauf angewiesen ist, auf *gute* Menschen zu stoßen. Von hundert Leuten in einem Raum sind nur fünf oder sechs wirklich *gut*, die anderen bestenfalls Mitläufer. Otto war einer der fünf oder sechs. Nicht nur widerlegte er die Argumente meiner Mutter, sondern setzte sich obendrein bei den Eltern meiner Freunde für mich ein. Es waren Kleinigkeiten, die für mich die Welt bedeuteten und mir zeigten, dass ich etwas wert war.

Otto, ein gestandener Sportler, mit Autorität und Ansehen, setzte sich für mich ein. Sogar vor meiner Mutter. Ich spürte eine tiefe Verbundenheit zu ihm.

Meine Mutter brach augenrollend ihren Widerstand und kehrte uns den Rücken zu. Ich las an ihrer Körpersprache, dass wir sie nicht überzeugt hatten, aber sie gab klein bei. Da war etwas zwischen Otto und mir, eine freundschaftlich angehauchte Mentor-Schüler-Chemie, das spürte sie, und wenn sie es auch noch so intrigant zu beschneiden versuchte, sie konnte uns nicht auseinanderbringen.

Ottos unermüdliches Eintreten imponierte mir und dass er von meinem Talent überzeugt war, bedeutete mir viel. Ich fühlte mich *bedeutsam*, und dieses Gefühl war anders als das, was Papa Horst mir gab. Dieser war zwar auch für mich da, aber auf eine andere Weise. Er war einer der Grundpfeiler der Familie, und ich liebte, dass er da war und merkte, dass er mir so etwas wie bedingungslose Liebe zeigen wollte, auch wenn ich nicht sein leibliches Kind war. Otto hingegen ging den Schritt weiter und zeige mir, dass ich einen Unterschied in dieser Welt machen konnte.

Zuvor habe ich das nie erfahren. Meist blieb ich blass zwischen jenen, die ebenfalls solide Leistungen zeigten. Beim Sport war ich überlegen und Otto erkannte das und förderte mich. Als wir draußen waren, bekräftigte er erneut, dass eine Nichtteilnahme meinerseits ein großer Verlust wäre. Ich drückte ihn und er ging fort – und ich nach Hause zu meiner Mutter.

»Das war ja was«, fauchte sie mich an, ohne mich eines Blickes zu würdigen. Ich erkannte die Geringschätzung in ihrem Ausdruck und reagierte nicht. Was mein Plan sei, fragte sie mich, »Sportlerin werden«? Sie schnaubte verächtlich. Ich weiß nicht, warum sie mich demotivieren wollte. Ich schwieg und ging auf mein Zimmer. Heute denke ich, dass sie noch viel böser hätte sein können, weil sie von Otto indirekt zurechtgewiesen wurde. Einmal hätte er sie fast düpiert, mit einer Frage nach meiner Ernährung, irgendwas mit isotonischen Getränken. Eine Situation, die ich für sie aufgefangen hatte. Es war ein Moment, den ich für diese erwachsene Frau habe regeln müssen. Sie würde es mir nicht danken, das erkannte ich immer wieder.

*

Der Sport wurde zu meinem Lebensinhalt – und rettete mich. Wenn ich mir vergegenwärtige, wie oft mich meine Mutter gedemütigt oder mir auf die Finger gehauen hat, kann ich mich nur wundern, dass ich die Zeit damals ohne größere Ausfälle verleben konnte. Der Sport war mein Auffangnetz und Sicherungsanker. Wenn ich meine Tasche gepackt hatte und unser Haus verließ, fühlte ich mich wie geborgen, obwohl das Training hart war und ich dort weder gestreichelt noch sanft aufgenommen wurde.

Nicht nur die Trainings halfen mir, diese Zeiten zu überstehen, sondern auch die Teilnahme an Wettkämpfen. Jeder einzelne verschaffte mir das Gefühl, einen Platz in dieser Welt zu haben. Auch später unterstützte meine Mutter mich nicht, sondern erschwerte mir die Teilnahme. Ich weiß nicht, ob sie überhaupt einen Begriff davon hatte, was mir der Sport bedeutete und welchen Stellenwert die Wettkämpfe gesellschaftlich hatten.

Dass es zu öffentlicher Anerkennung führte, wenn man einen der vorderen Plätze belegte, und dass man mit solch einer Leistung tagelang wie auf Händen getragen wurde.

Großmutter Berta und Papa Horst nahmen meine Leidenschaft ernst, auch wenn sie nicht zuschauten, da sie zu Sport keinen Bezug hatten. Dennoch fragten sie immer, wie es gewesen war und beglückwünschten mich, wenn ich Siege errang oder Preise mit nach Hause brachte. Es war eine ehrliche Form der Freude, die mich glücklich machte.

Bei einer meiner Freundinnen lief es ähnlich ab, und nicht nur einmal fragte ich mich, ob dieser Umgang nicht mindestens genauso ungesund war wie der, den meine Mutter mit mir pflegte – nur eben in eine andere Richtung. Die Jörgensens hatten ihre Franka in einen Kokon eingesponnen, der jede Freiheit vermissen ließ. Von überall wurde sie abgeholt, überall wurde sie hingebracht. Sie schien nie etwas eigenständig lösen zu müssen. Wenn ich in Hörweite war, vernahm ich immer, dass sie laut nach ihren Ergebnissen gefragt wurde.

Wenn sie Dokumente in Form von Urkunden oder Zeugnissen mit nach Hause brachte, wurden diese bejubelt und eingerahmt. Wenn ich zu Besuch war, gab es nicht Atri-Saft und Hansa-Kekse, sondern Wasser und Butterbrot, und der Sport war die ganze Zeit das Thema. Ihr Großonkel war offenbar begeisterter Sportler gewesen, konnte dies durch den Kriegseinsatz aber nicht ausleben. Jedenfalls waren die Freude und Hingabe über Frankas Einsatz merkwürdig und nicht authentisch. Ich fühlte mich bei ihnen nicht wohl, und so lief der Kontakt zu Franka langsam aus.

*

Wenn ich das kontrastierte, war ich froh, dass Horst und Berta mich in Ruhe meinen Sport haben ausüben lassen. Nur die Ablehnung meiner Mutter verletzte mich und bereitete mir Bauchschmerzen. Es ist ein eigenartiges psychologisches Phänomen, aber oft entwickelt sich ein Drang, es denjenigen ›zeigen‹ zu wollen, die einen ablehnen.

Ich hätte mich auf Biegen und Brechen zur Weltmeisterin eifern können – meine Mutter hätte zwar die Anerkennung genossen, die ihr zuteilgeworden wäre, weil sie eine ›Weltmeistermutter‹ gewesen wäre – aber am Ende des Tages hätte sie sich weiterhin nicht für mich interessiert.

Dennoch trainierte ich an den Trainingstagen so hart, als wäre genau das mein Ziel: Weltmeisterin werden, um es meiner Mutter zu zeigen. Verrückt, die Psyche. Der einzige Trost ist, dass es nicht umsonst war; Otto wurde von Woche zu Woche stolzer auf sein *bestes Pferd im Stall*, wie er zu sagen pflegte.

Es war eine tolle Zeit, aufregende Jahre mit Wettkämpfen, Stolz, Euphorie und Freude, aber auch mit Wut und Trauer, wenn ich schlecht trainierte oder dann, wenn es drauf ankam, schlechte Leistungen zeigte, das kam auch vor. Otto fing mich immer wieder auf – und auch meine Trainingspartner und Freunde. An einem Abend etwa saß ich schluchzend in der Kabine, weil ich die Woche zuvor nicht das geliefert hatte, was von mir erwartet wurde – und dann trainierte ich auch noch schlecht. Otto war da und nahm mich in den Arm und Kameradinnen bestärkten mich, sagten, dass jeder mal einen schlechten Tag habe und dass es kein Weltuntergang sei. *Immer weitermachen*, war die Botschaft, *wo ein Tal, da auch ein Berg.*

Auch hier merkte ich wieder, wie viel Glück ich hatte, an einen solch einfühlsamen und guten Trainer geraten zu sein.

Einer von fünf oder sechs von hundert eben …

*

Ich suchte weiterhin Wege, um sichtbar und anerkannt zu werden, was *mal mehr, mal weniger* gut gelang. Ich hatte immer mehr das Gefühl, der Willkür meiner Mutter ausgesetzt zu sein, manchmal trieben mich Kleinigkeiten zur Weißglut. Sie verwehrte mir das Ausüben des Sports, meckerte an der Auswahl meiner Freunde herum oder kritisierte meine Klamotten. Sicher – während des Heranwachsens gerät man aneinander. Aber im Vergleich zu Freundinnen hatte das eine andere Qualität. Ich weiß nicht, was sie dazu bewogen hat, mich so zu behandeln wie eine ungeliebte Klassenkameradin, von der man zwar umgeben ist, aber von der man nicht viel hält. Ihr Brief an mich, den ich an späterer Stelle erneut hervorholen werde, verrät, dass sie mich zu lieben versuchte, dies aber nicht zeigen konnte. Was war es dann wert? Was wohl auf der letzten Seite steht?

In meinem zwölften Lebensjahr erreichte ich den Tiefpunkt des Verlorenseins. Ich fühlte mich so unglaublich unverstanden und verletzlich, dass es mich beinahe aufgefressen hätte.

Es begann harmlos, als ich erfuhr, dass eine junge Familie in unserer Nachbarschaft, bereits Eltern von zwei Söhnen, nach einem Babysitter für ihr neugeborenes Baby suchte. Ich, selbst noch ein Kind, fühlte mich geschmeichelt und wichtig, als sie mich baten, auf ihr Baby aufzupassen. An einem Tag, an dem ich dort war, bat mich der Vater des Kindes, ihm ins Badezimmer zu folgen. Mit einer unscheinbaren Bitte, mir zu zeigen, wo die Wickelsachen aufbewahrt werden, zog er mich in eine Situation, die über meine kindliche Unschuld hinausging, ein Kampf zwischen Vertrauen und einer tiefen Furcht. Er schaute mich an und sagte, ich sei schön und er fühle sich von mir angezogen. Ich möge seine Männlichkeit anfassen. Überfordert tat ich es, aus Angst. In diesen Sekunden verlor ich meinen letzten Halt. Panik. Wenige Sekunden später war es vorbei. Nichts wie raus hier. Danke, dass ich überlebt habe. Was war das? Nie habe ich mich elendiger gefühlt. Und niemals wieder wollte ich die Familie wiedersehen.

Ich behielt das alles für mich, weil ich mich so geschämt habe. Horst wäre überfordert gewesen, meiner Mutter konnte ich das sowieso nicht sagen. Sie hätte mich womöglich noch beschimpft oder beschuldigt.

*

Ein paar Jahre später zogen wir mit unserer Familie erneut um, diesmal in eine neu aufgebaute Plattenbausiedlung. Heute, in den 2020er-Jahren, ist ein *Plattenbau* ein Symbol für eine weniger gut situierte soziale Schicht; für uns damals in der DDR bedeutete er Luxus und die wenigen, die in einen Plattenbau ziehen durften, fühlten sich und waren privilegiert.

Es handelte sich um eine Neubauwohnung des staatlich aufgelegten Wohnungsbauprogramms. Von Anfang an gab es in der DDR einen Mangel an Wohnraum, nach dem Zweiten Weltkrieg lagen viele Häuser in Trümmern und Millionen Vertriebene brauchten dringend Wohnraum. Anfänglich wurden Häuser noch traditionell gebaut, doch dies war zu zeitaufwendig. In den 1950er-Jahren begann die Suche nach effizienteren Bautechniken und die Lösung fand man in der Großplattenbauweise. Der erste Versuch erfolgte 1953 in Johannistal bei Berlin, und nur vier Jahre später wurde Hoyerswerda zum großen Testfeld für den industriellen Wohnungsbau, inspiriert von den modernen Architekturkonzepten des Bauhauses aus den 1920er-Jahren.

1972 startete unter Erich Honecker das *Staatliche Wohnungsbauprogramm* mit dem Ziel, bis 1990 die Wohnungsnot in der DDR zu beseitigen. Das ambitionierte Versprechen der SED war, jedem eine eigene Wohnung zu bieten. Ab 1973 entstanden in rasantem Tempo an den Stadträndern neue Wohngebiete in Großplattenbauweise, wie etwa in Halle-Neustadt, einer Stadt mit über hunderttausend Einwohnern.

Diese Wohnungen waren standardisiert und überall gleich. Die Bewohner genossen moderne Annehmlichkeiten wie Bäder, Warmwasser und Balkone, ohne mühsam Kohle schleppen zu müssen.

Die Miete war symbolisch niedrig, 1,25 Mark pro Quadratmeter, inklusive Heizung und Warmwasser, was der Staat subventionierte – aus wirtschaftlicher Sicht unsinnig.

Anfangs waren die Plattenbausiedlungen gut ausgestattet mit Schulen, Kindergärten, Spielplätzen und sogar Schwimmbädern, doch mit der Zeit wurde es aufgrund der Sparmaßnahmen weniger. Selbst in den Wohnungen wurde gespart, indem aus Drei-Zimmer-Wohnungen durch das Hinzufügen von Wänden Vier-Zimmer-Wohnungen gemacht wurden.

Man ersetzte das Heizsystem durch ein einfaches Einrohrsystem, was zur Folge hatte, dass bei Überhitzung die Fenster geöffnet werden mussten. Trotz des umfassenden Wohnungsbaus blieb die DDR ein Land mit Wohnungsmangel, es gab keinen freien Wohnungsmarkt und die staatliche Wohnungsvergabe war problematisch.

Auf den Wohnungsämtern bestimmte ein Punktesystem die Vergabe und deren Dringlichkeit. Schichtarbeiter und kinderreiche Familien hatten bessere Chancen, eine Wohnung zugewiesen zu bekommen, und dann spielten Beziehungen und politische Ämter eine Rolle. Junge Leute ohne Familie wurden oft vertröstet und mussten lange auf eine Wohnung warten.

*

In dieses neue Zuhause fand ich mich schnell ein. An einem Samstag ging ich früh aus dem Haus, um laufen zu gehen. Noch heute mag ich es gern, wenn ich in Ruhe laufen kann, gerade im Sommer, wenn der Geruch des Taus in der Luft liegt. Unter uns wurde gerade eine neue Wohnung eingeräumt, offenbar zogen neue Mieter ein. Neue Nachbarn – ich dachte mir nichts dabei.

Im Anschluss meines Trainings trabte ich nach Hause. Als ich gerade in unsere Straße einbog, traute ich meinen Augen nicht: Da war der Mann, der mich aufgefordert hatte, ihn unsittlich zu berühren – sie schienen unsere neuen Nachbarn zu sein. Mir rutschte das Herz in die Hose, das durfte nicht wahr sein. Sofort war ich durchdrungen von Angst, ich hatte ja niemandem etwas davon erzählt. Anderthalb Jahre waren vergangen – doch es fühlte sich an, als sei es *gestern* gewesen.

Wie auf einen Schlag war alles wieder da, das Szenario, die Übergriffigkeit, die Scham. Wie würde ich es ertragen können, direkt über meinem Peiniger zu wohnen?

Es funktionierte dann irgendwie. Es war jedes Mal eine Tortur, weil ich Angst hatte, dem Ehepaar und vor allem dem Mann zu begegnen. Ich lauschte, ob die beiden im Begriff waren, ihre Wohnung zu verlassen, und wenn ich mich sicher fühlte, huschte ich durchs Treppenhaus nach draußen.

*

Inmitten dieses Chaos nahm mich Papa Horst beiseite und erzählte mir, dass er vorhabe, sich von meiner Mutter zu trennen. Zunächst konnte, danach wollte ich es nicht glauben. Es hatte sich abgezeichnet, weil sich die beiden immer öfter und heftiger gestritten haben, aber am Ende war es ein Schock für Maik und mich, hatten wir uns doch an ein stabiles Familienverhältnis gewöhnt.

In den Monaten nach Horsts Auszug nahm ich wahr, dass sich das ohnehin angespannte Verhältnis zu meiner Mutter noch weiter verschlechterte. Von allem schien sie überfordert, auch von der Tatsache, dass ich eine junge Frau wurde.

Sie hatte mir schon keine richtige, schöne Kindheit geschenkt – und jetzt war sie im Begriff, mir das Erwachsenwerden zu vermiesen. Sie ging sogar so weit, dass sie die Küche abschloss und mir einen Campingkocher ins Zimmer stellte. Nicht, um mich verwahrlosen zu lassen, aber sie verwehrte mir den Zugang zum familiären System. Die Küche ist der Ort der Familie, des Lebens – nicht für mich.

*

… und dann kam Ronny, mein erster Freund. Vorher hatte ich den einen oder anderen Schwarm, aber zu Ronny fühlte ich mich körperlich und emotional wirklich hingezogen. Ich konnte ihn umarmen, ohne innerlich zu denken, ich wäre ihm zu viel – oder er wäre mir zu viel. Das lag auch an der Familie, in die er mich integrierte; seine Mutter war offenherzig und ich war stets willkommen und fühlte mich geborgen.

Ronny zeigte mir, was Familie bedeuten kann: Stets ein offenes Haus, herumtollende Kinder, Fürsorge und eine gute Stimmung. Ganz anders als bei uns.

Mit seiner Mutter führte ich hin und wieder lange Gespräche auf der Terrasse.

Ich genoss die gemeinsam eingenommenen Mahlzeiten, bei denen jeder von seinem Tag erzählte. Ronnys Vater war Tischler und seine Mutter arbeitete als Lehrerin in einer Grundstufe. Es waren Momente, die ich auch gerne in meinem *eigenen* Zuhause mit meiner *eigenen* Familie erlebt hätte.

Lehrjahre

Und so wurde ich erwachsen. Nach der Schule wollte ich arbeiten und absolvierte eine Lehre zur Bleiglaserin. Zwei Jahre an zwei unterschiedlichen Standorten. Erneut war ich auf mich allein gestellt und es fiel mir schwer, mich von meiner Mutter zu lösen. Insgeheim hoffte ich, dass sich das Verhältnis zu meiner Mutter ins Positive kehren könnte, aber ich war neugierig auf das neue Leben als Lehrling.

In der DDR sollte jeder einen Beruf erlernen. Das Ziel war, die Zahl der ungelernten Arbeitskräfte zu reduzieren, und diese Bestrebung wurde 1968 sogar in die sozialistische Verfassung geschrieben: Artikel 25 sicherte Jugendlichen das Recht und zugleich die Pflicht zu, eine Berufsausbildung zu absolvieren. Die Durchführung wurde durch die zentral gelenkte Planwirtschaft ermöglicht, der Staat konnte die Ausbildung von Fachkräften steuern und Unternehmen anweisen, Lehrstellen zur Verfügung zu stellen. In Gegenden, in denen die betrieblichen Berufsschulen nicht ausreichten, gründete man kommunale Berufsschulen. Die Berufsberatung begann in den allgemeinbildenden und den polytechnischen Oberschulen und war ein zentraler Bestandteil des Bildungssystems.

Zusätzlich boten Programme wie die *Berufsausbildung mit Abitur* weiterführende Möglichkeiten für die vielen Jugendlichen ohne Hochschulreife, um ihre beruflichen Chancen zu verbessern.

Ich konnte Ronny nicht so oft sehen, wie ich es mir gewünscht hätte, also begannen wir, einander Briefe zu schreiben. Diese gaben mir Kraft. Er hatte feste Absichten, sprach von Heirat und Familie. Ich fühlte mich nicht bereit. Würde ich so enden wie meine Mutter? In meinen Antworten wich ich diesen Themen aus.

Mein erstes Ausbildungsjahr verbrachte ich auf Rügen mit seinen Häfen, reetgedeckten Fischerhäuschen und der imposanten Bäderarchitektur. Unser Internat lag neben unserem Kombinat und ich teilte mir ein Zimmer mit sieben anderen Lehrlingen.

Auf jeder Seite des Zimmers standen vier Doppelstockbetten mit harten Matratzen. Mein Spind war der zweite von links. Es war eng, besonders wenn eine der anderen Mädchen an ihren Schrank musste.

Oft schlossen sich alle sieben Mitbewohnerinnen gegen mich zusammen und sprachen tagelang nicht mit mir. Die Ausgrenzung war so intensiv, dass ich manchmal dachte, ich könnte sie nicht überstehen – sie hatte eine andere Dimension als die, die ich im Zusammenhang mit meiner Mutter erlebt hatte. Schon ein modernes Oberteil, das ich von meinem Papa Horst von einer seiner Reisen bekommen hatte, sorgte unter ihnen für Neid und Spott. Am Ende aber war mir klar, dass ich *stärker* sein würde als sie. *Kämpfen* konnte ich.

*

Meine Oma Bertha hatte eine im Schrank versenkbare Nähmaschine und schuf moderne Kleidungsstücke für mich. Sie nutzte Stoffreste und ihre alten Blusen, die zu schade zum Wegwerfen waren. Auch Bettlaken und Baumwollwindeln färbte sie um.

Die neuen Stoffwindeln, die auf dem Markt waren, dienten nicht nur als Babywindeln, sondern wurden zu Hosen und Hemden umgestaltet. Oma Bertha zeigte mir das Nähen und Stricken.

Die DDR war nicht für ihre modischen Auswüchse bekannt. Die Bekleidungsgeschäfte ließen kaum Raum für Individualität, überhaupt war die Mode eintönig, farblos und langweilig, an jeder Ecke sah man genormte graue Anzüge für Herren und Kostüme für Damen. Nicht überall, aber doch dominierend.

Ich wollte stets modisch und ideenreich gekleidet sein und überzeugte meine Oma, mit mir immer wieder Neues auszuprobieren. Zusammen stöberten wir in den Exquisitläden, einer Kette, die normalerweise der Oberschicht vorbehalten war. Ein einzelnes Stück kostete dort schon mal bis zu zweihundert Ostmark. Trotz der hohen Preise waren diese Geschäfte reizvoll, weil ihre Kollektionen vereinzelt Farbakzente setzten. Mit dem 750-Ostmark-Einkommen meiner Oma konnten wir uns das nicht leisten.

Dennoch sparte ich im ersten Lehrjahr jeden Pfennig, um mir einen roten Pullover mit metallisch glitzernden Lurexfäden leisten zu können.

Überhaupt war es in der DDR kein leichtes Unterfangen, Kleidung zu erwerben. Es war nicht so einfach wie zur jetzigen Zeit; heute sieht man sich einer unendlich bunten Vielfalt ausgesetzt, damals war das Angebot begrenzt, und Modebegeisterte mussten selbst Hand anlegen, besonders wenn keine Westkontakte zur Verfügung standen.

Die Modeindustrie der DDR folgte nicht den schnell wechselnden Trends, sondern musste praktische und pflegeleichte Kleidung liefern, da über neunzig Prozent der DDR-Frauen berufstätig waren und sich nicht lang um ihre Kleidung kümmern konnten.

Trotzdem wollten wir modisch aussehen und mussten kreativ werden. Stoffe konnte man zwar kaufen, aber nur jene, aus denen die Massenware genäht wurde. Manchmal ergatterte man in Spezialläden etwas Besonderes, das für den Export gedacht war, und stand Stunden dafür an. Aus allem, was geeignet schien, wurden Kleidungsstücke.

Ich erinnere mich an wunderbare Leinenstoffe, die eigentlich Bettlaken waren. Manche kauften sie, färbten sie ein und fertigten daraus Jacken, Röcke oder Blazer. Ältere Damen ließen sich ihre bestickte Leinenunterwäsche abschwatzen, aus der Sommerkleider genäht wurden.

Auch Accessoires waren Mangelware, also wurden Apfelkerne zu schicken Ketten aufgefädelt und Kupferdraht wurde zu Ohrringen verarbeitet. Sogar Metallabfälle wurden zu Broschen umfunktioniert, und aus Knetmasse entstanden Schmuckstücke.

Die staatlich geförderten und von der *Freien Deutschen Jugend* und dem *Demokratischen Frauenbund Deutschlands* angebotenen Nähkurse waren ein Segen.
Modezeitschriften wie Sibylle oder Pramo lieferten die Schnittmuster, die wir weitergaben, bis sie auseinanderfielen. Auch aus der Bundesrepublik eingeschmuggelte Modehefte dienten als Vorlage. Und aufgrund des Undercover-Charakters hatte jedes erzeugte Kleidungsstück seine eigene Geschichte.

*

Wenn es um Kleidung geht, muss ich immer auch an die Pionierorganisation denken, die Teil der sozialistischen Erziehung in der DDR war und bei der ich mitmachen sollte. Die Aufnahme in die Gemeinschaft begann mit dem Tragen blauer Halstuchträger.

Die Organisation bot uns einige Rituale wie Appelle und Pioniernachmittage, aber auch ein Freizeitangebot, das von Volkstanz über Modellbau und Altstoffsammlungen bis hin zu Sport, Theaterzirkeln und Musikschulen reichte.

Wie die meisten Kinder wurde ich nach meiner Einschulung in jene Pionierorganisation aufgenommen und war von der ersten bis zur dritten Klasse Jungpionierin, trug also ein blaues Halstuch. Die Farbe wechselte zu Rot, als ich in die vierten Klasse kam. Zum Aufzug gehörten neben dem Halstuch eine weiße Bluse und ein blaues Käppi, die ich zu besonderen Anlässen tragen musste. Bei ›einfachen‹ Pioniernachmittagen reichte das Halstuch. Durch die zentralistische Struktur wurden wir von der obersten Leitung bis hin zu den Gruppenräten in den Klassen früh mit den Prinzipien der SED vertraut gemacht.

Die Organisation bot vielfältige Möglichkeiten, uns eigenständig einzubringen. Jedes Jahr gab der Zentralrat der FDJ einen neuen Pionierauftrag heraus, der das Thema für unsere Arbeit im Jahr bestimmte. Dieser wurde am Anfang des Schuljahres in verschiedenen Kinder- und Jugendzeitschriften wie der *Trommel* und der *Frösi* veröffentlicht und in den Schulen ausgehängt.

Unsere Lehrer, Pionierleiter und die Leiter der Arbeitsgemeinschaften hatten die Aufgabe, diesen Auftrag mit Leben zu füllen und in konkrete Aktivitäten umzusetzen. Man hätte ja gedacht, dass wenigstens die Anzüge und Verkleidungen der Pioniere hübsch anzusehen wären … aber nein, ich mochte sie nicht und fand sie schrecklich.

*

In diesen Jahren wurde ich auch für die Wehrausbildung in ein Zivildienstlager geschickt. Wir Mädchen sollten Verteidigungsmaßnahmen erlernen. Ganz oben auf der Liste stand *Erste Hilfe* und dazu gehörte das Aufsetzen einer Gasmaske, was bei dreißig Grad am Strand unerträglich war. Die badenden Urlauber starrten uns an. Ich fühlte mich wie eine Mischung aus Soldatin und Außerirdischer.

Unsere Zeiten wurden gemessen und gestoppt, und wenn nur eine von uns die vorgegebene Zeit nicht einhielt, litten alle darunter. Das Maskenaufsetzen musste so lange wiederholt werden, bis es jede perfekt konnte oder eine vor Anstrengung zusammenbrach. Meine Haare blieben an der Maske kleben und wurden beim Absetzen herausgerissen. Die Ausbilderinnen wirkten wie *Aufseherinnen*, ohne Herz und Gefühl.

Eine von ihnen war besonders streng, starrte uns mit hasserfülltem Blick an und forderte Disziplin.

Die Ausbildung sollte uns Wissen im Bereich der Landesverteidigung vermitteln, es waren zwei Wochen, in denen wir in Armeezelten schlafen mussten. Eine quälende Zeit, die Atmosphäre eisig. Wohlgemerkt: Wir waren sechzehn Jahre alt.

Aufgrund meines geringen Lehrlingsgehalts von fünfundsiebzig Ostmark konnte ich nicht so oft nach Hause fahren, wie ich es gewollt hätte; meine Beziehung ging zu Ende.

Im zweiten Lehrjahr fand ich mich in einer anderen Stadt an der See wieder. Hier teilte ich mir ein Zimmer mit nur *einer* Mitbewohnerin.

Auf den Fluren unseres Wohnheims herrschte Trubel, die Wände waren dünn, das Einschlafen fiel schwer. Ohrstöpsel halfen mir, die Geräusche auszublenden, denn ich musste oft schon um fünf Uhr morgens aufstehen. Derart früh am Morgen zu essen, lag mir nicht.

In der in tristem Grau gekachelten Wohnheimkantine gab es *Doppelte* – zwei aneinanderhängende Weizenbrötchen mit Margarine und Erdbeermarmelade. Deren Geruch ließ mich an die Bäckerei in meinem Heimatort denken, wenigstens etwas. Ich entwickelte eine Essstörung, erbrach das zu mir Genommene und bemerkte erneut, wie gut man Abgründe und Gewohnheiten vor anderen verbergen kann: Niemand registrierte, dass ich regelmäßig gegen siebzehn Uhr auf die Toilette verschwand.

Trotz des Lärms und der Herausforderungen gehörte ich zu den besten in meinem Jahrgang, obwohl ich mich nicht sonderlich anstrengte oder ein besonderes Interesse für die Fächer entwickelte, ich war lediglich *fokussiert*.

Danach hätte ich die Möglichkeit gehabt, ein Studium zu beginnen, doch die BRD-DDR-Übernahme durchkreuzte diese Pläne.

Übernahme

Die Wiedervereinigung wird oft als »Wende« bezeichnet. Das Wort klingt konstruktiv und erzeugt schöne Bilder, für meine Begriffe romantisiert und verharmlost es jedoch die Prozesse, die damals stattgefunden haben. Für viele DDR-Bürger glich die »Wende« einer Übernahme, einer zwanghaften Eingliederung in einen anderen, größeren Staat.

Das Beispiel ist eines von vielen, und allesamt deuten sie darauf hin, dass wir gesamtgesellschaftlich vieles noch nicht verstanden haben. Zwar hatten wir hochrangige aus dem Osten stammende Politiker und Repräsentationsfiguren, Angela Merkel und Joachim Gauck etwa, aber wir brauchen noch immer einen Ostbeauftragten und eine Ostquote. Neulich las ich eine Stellenausschreibung, und dass bevorzugt »Menschen mit Migrationshintergrund und/oder Ostdeutsche« eingestellt würden.

Nach den Bundestagswahlen 2017 merkte ich, dass vermehrt Ost-Reportagen im öffentlich-rechtlichen Rundfunk gezeigt wurden.

Funktioniert so Integration? All diese Maßnahmen zeigen, dass man Ostdeutsche als Menschen sieht, die nicht dazugehören und die man mühevoll eingliedern muss.

Noch heute bin ich überzeugt davon, dass diese Integration nicht gelungen ist, auch die Wahl- und Umfrageergebnisse, die teilweise von denen im Westen abweichen, bestätigen das.

Ähnliches denke ich bei Menschen mit Einwanderungsgeschichte. Die Debatten darüber, wer dazugehört und wer nicht. Für mich zählen Werte, Willen, Eifer und Zugewandtheit, nicht die Hautfarbe. Manchmal jedoch zweifele ich, ob die Regierenden auch die andere Seite sehen und das Aufnahmegebaren aus sämtlichen Perspektiven reflektieren.

*

Wenn ich die misslungene Ingegration beklage, wünsche ich mir als Konsequenz nicht den DDR-Staat zurück.

Mir ist bewusst, dass in diesem totalitären System das Individuum keine Rolle spielte. Nicht umsonst sind im Sozialismus zwar alle gleich – aber eben alle gleich arm. Auch in meinem Heimatort wurden gegen Ende der 1980er-Jahre Fluchtpläne geschmiedet, während man hinter vorgehaltener Hand Kritik am System äußerte. Wenige sprachen ihre Gedanken laut aus, zu groß war die Furcht vor Strafe. Es gab mehrere, teils spektakuläre Fluchtversuche, die durch die Medien gingen. Einer ereignete sich im Bezirk Rostock, als drei junge Männer bei Dunkelheit mit einem Schlauchboot die nasskalte Grenze überwinden wollten und von der Volksmarine festgenommen wurden. Sie waren bereit, ihr Leben für die Freiheit zu riskieren, kamen aus ›meiner‹ Ostsee. Nach monatelanger Inhaftierung wurden sie wegen Republikflucht angeklagt und verurteilt.

Die Bundesrepublik hat sie für mehrere Zehntausend westdeutsche Mark freigekauft, eine Praxis, die sich für die DDR als lukrative Einnahmequelle erwies und, so zynisch das klingt, eine Win-Win-Situation darstellte: Die Gefangenen freuten sich über ihre Freilassung, die DDR über die Einnahmen und die BRD über den Applaus, der sie innen- wie außenpolitisch stärkte. Zwei der Männer kehrten am Vorabend der Übernahme in ihre Heimat zurück, der dritte blieb in Frankreich, wo er sich ein neues Leben aufbaute.

Zu dieser Zeit war die Welt im Umbruch. In der DDR brodelte es, die Menschen forderten mehr Freiheit und die Öffnung der Grenzen. Die Montagsdemonstrationen in Leipzig hatten begonnen und der Mut der Ostdeutschen wuchs täglich. Der Eiserne Vorhang, der Europa jahrzehntelang geteilt hatte, begann zu bröckeln. Schließlich fiel die Mauer und Reisen in den Westen wurden möglich.

Ich erinnere mich konkret an einen Tag, an dem ich mich mit Ronny zu einem West-Ausflug verabredet hatte. Wir trafen uns am Rostocker Bahnhof, umgeben von einer Menge Menschen. Eine unvergessliche Reise zur anderen Seite stand bevor. Der Zug war überfüllt, überall roch es nach billigem Parfüm. Wir waren skeptisch und sorgsam, vorfreudig. Kleine Kinder mit großen Augen klammerten sich an ihre Eltern.

Ronny und ich ergatterten einen Sitzplatz, den wir uns abwechselnd teilten. Das Wetter war so wechselhaft wie meine Gefühle: von feinem Sprühregen bis hin zu sonnigen, klaren Abschnitten. Die Fahrt dauerte zwei Stunden länger als im Fahrplan vorgesehen. Immer wieder stiegen Menschen ein, niemand stieg aus.

Der Zug war voll, alle teilten dasselbe Ziel: Lübeck. Nur fünfzehn Kilometer von der Ostsee und dem Timmendorfer Strand entfernt wollten wir die dortige See erleben.

Ich fragte mich, ob das Meer dort genauso roch wie an meiner Ostsee und ob die Gedanken hier schon immer frei gewesen waren. Als wir am Lübecker Bahnhof ausstiegen, fühlte ich den westlichen Boden unter meinen Füßen. Wir sahen uns um, und die einzige Möglichkeit, uns in diesem beginnenden Abenteuer zu orientieren, bestand darin, den Menschenmassen in Richtung Rathaus zu folgen.

Angekommen fühlte ich mich winzig. Ich dachte, meine 1,73 wären beeindruckend, aber der Himmel über uns in der Abenddämmerung ließ uns beide klein erscheinen. Heiße Getränke und belegte Brötchen mit einer Salatscheibe. Lecker. Und jetzt? Vielleicht folgen wir dem Angebot der Stadt und übernachten mit all den anderen Leuten im Lübecker Rathaus?

Ein älteres Ehepaar sprach uns an, wir wirkten orientierungslos. Sie boten uns an, im Gästebereich ihrer Doppelhaushälfte zu übernachten.

Wir stimmten zu und erlebten unvergessliche Stunden, die bis in die Nacht andauerten und in deren Verlauf wir über die beiden unterschiedlichen deutschen Staaten und deren Kulturen sprachen, Erlebnisse verglichen und beteuerten, dass wir uns das Zusammenwachsen von Ost und West wünschten. Mit ihren fünfundsechzig Jahren hatten sie keine Kinder bekommen und genossen es, uns ein Abendessen und ein Bett zu gewähren. Und wir freuten uns, ihre Gäste sein zu dürfen.

Irgendwie verrückt. Nie im Leben würde ich meinen Kindern erlauben, bei fremden Erwachsenen zu übernachten. Aber in diesen Wochen schien alles möglich und es war eine andere Stimmung im Land. Aufbruch. Auch was mich selbst betrifft, frage ich mich immer wieder, ob ich mich in Gefahr gebracht habe.

Vielleicht waren wir naiv, als wir die Einladung annahmen. Vielleicht wurde uns der Wert des Zusammenstehens mehr eingeimpft als jenen, die im Westen aufgewachsen sind. Ich weiß, dass ich mit dieser Anekdote *allein* dastand.

Niemand anderes aus meinem Bekanntenkreis hatte etwas Vergleichbares erlebt. Da war wieder ein weiteres Motiv meines Aufwachsens: Ich fühlte mich nicht zugehörig. Sicher, das war ein außergewöhnliches Erlebnis und ich möchte es jetzt, viele Jahrzehnte später, nicht überdramatisieren. Aber es bildet ab, wer ich gewesen bin. Ständig *außen vor*, nirgendwo richtig dazugehörend. Wir sprachen mit den beiden auch über unsere Familien. Was konnte ich schon sagen?

Ich fühlte mich nicht gewollt, war ständig allein, fühlte mich einsam. Mit Blick auf meine Mutter, meinen Bruder. Hin und wieder auch mit Blick auf Horst.

Und mit Blick auf meinen Vater, der sich in diesen Monaten melden sollte.

Wiedersehen

Um meinen achtzehnten Geburtstag herum kontaktierte mich mein leiblicher Vater. Ich war überrascht, hatte ich doch all die Jahre nichts von ihm gehört, Mutter hatte den wechselseitigen Zugang unterbunden.

Ich hatte alle Hände voll mit der zweiten Ausbildung zu tun. Nach der Übernahme wirkte die freie Welt *überfordernd* auf mich, so viele Chancen, die ich nutzen wollte. Nach meiner ersten Ausbildung wollte ich ein naturwissenschaftliches Studium absolvieren, was ich jedoch verwarf, weil sich mir die Gelegenheit bot, in einem Hotel zu jobben. Das war etwas völlig anderes, aber reizvoll, da ich mit vielen Menschen zusammenarbeiten konnte.

Nach nur wenigen Tagen stellte sich das als *richtige* Entscheidung heraus; die Arbeit gab mir Gefühle von Lebendigkeit und Anerkennung, ich konnte meine Vergangenheit und die mich verfolgenden Schatten immer mehr vergessen. Den Umgang mit den Gästen mochte ich sehr und ich konnte in der Arbeit aufgehen, frei von den herzerschwerenden Lasten.

Über Telefon erreichte er mich eines Abends. Ich war verdutzt, erkannte jedoch sofort seine Stimme. Er würde mich gern sehen, da er es zu meinem Achtzehnten nicht geschafft habe. Ob es möglich wäre, sich in einem Restaurant zu treffen.

Ich war misstrauisch, sagte aber zu, weil ich noch immer nicht die Hoffnung aufgegeben hatte, mich irgendwann in stabilen Familienverhältnissen wiederzufinden, auch wenn ich schon achtzehn war und kurz vor dem Ausziehen stand. *Besser spät als nie*, es sollte einer der eindrücklichsten Abende meines jungen Lebens werden.

*

Wir trafen uns in einem Hotel mit angeschlossenem Restaurant. Ich erschrak, als ich ihn antraf. Er war blass und dünn, gebrechlich und roch leicht nach Alkohol.

Extra von Meißen sei er gekommen. Das war nett. Wir setzten uns und er lud mich auf Schnitzel, Pommes und grüne Erbsen ein. In den ersten Minuten war es schön, mich mit ihm zu unterhalten, weil ich das Gefühl hatte, dass er sich tatsächlich interessierte.

Dann fragte ich ihn, wie er zurechtkommen würde. Er erzählte, dass er aufgrund von Krankheit seine Arbeitsstelle verloren habe und nach Meißen gegangen sei, um dort die Bäckerei weiterzuführen. Es sei viel los gewesen. Ich wusste nicht, was er damit meinte, fühlte mich ihm aber auch nicht so verbunden, dass ich hätte nachfragen wollen. Mein Vater war immer wie ein Schatten, eine ferne, ungreifbare Gestalt. Ein spontanes Treffen zu meinem Achtzehnten konnte nicht all die verlorenen Jahre wiedergutmachen.

Wie es damals mit Mutter gewesen war, fragte ich. Das gab den Anstoß: Zunächst blieb er ruhig und bestellte uns nach dem Nachtisch noch etwas Bier. Dann aber redete er sich über eine halbe Stunde in Rage. Er referierte seinen Werdegang, als wolle er sicherstellen, dass ich kein Detail überhören würde.

Auf der einen Seite genoss ich das, weil einige Punkte aufkamen, um die ich nicht wusste und die Entscheidungen in ein anderes Licht rückten. Auf der anderen Seite wurde es mir mit zunehmender Zeit immer unangenehmer, weil ich seinen tiefsitzenden Schmerz bemerkte. Und dann kam der Moment, an dem ich verstand, warum meine Mutter ihn weggeschickt hatte. Er kam nach einem weiteren Bier von Hölzchen auf Stöckchen und stellte keinerlei Gegenfragen mehr.

Wir waren mittlerweile bei seinen Zwanzigern angekommen und er erzählte mir, wie er seine Arbeitsstelle gewechselt und was er alles erlitten hatte. Und dann brachen alle Dämme und er entschuldigte sich und sprach in Bezug auf mich von seiner »Lieblingstochter«. Ich konnte das nicht einordnen und überhaupt mochte ich nicht, wohin sich das Gespräch entwickelte.

Er fuhr fort, seiner achtzehnjährigen Tochter, die er zum ersten Mal seit vielen Jahren wiedergesehen hatte, zu erzählen, dass er an ihr hängen würde, womit er mir eine Verantwortung übertrug, mit der ich mich nicht arrangieren wollte. Ich versuchte zu beschwichtigen und in den folgenden Minuten kam es zum Bruch, weil er anfing, mich mit meiner Mutter zu vergleichen.

Wir Frauen seien doch alle gleich, sagte er, nachdem ein weiteres Bier serviert worden war. Da konnte ich nicht mehr an mich halten.

»Wie bitte?«, knallte ich ihm entgegen. Der Kellner schaute zu uns rüber, das Gespräch drohte zu eskalieren. Es platzte aus mir heraus, das war zu viel. Er bekam eine Standpauke, was für ein schlechter Vater er gewesen sei, mich mit so einer Mutter allein gelassen zu haben und dass es nicht angehen könne, dass er jetzt, nach so vielen Jahren, meinte, mit einem Schnitzel und warmen Worten sei alles gekittet.

Man konnte mir viel sagen zu der Zeit, mich beleidigen und beschimpfen – aber einen Vergleich mit dieser Frau empfand ich in diesem Kontext als dreist und verstörend. Ich wollte nie sein wie meine Mutter, die mir das Leben schwer machte und mich emotional nie ankommen ließ.

Ich habe es immer wieder erfahren, als ich bei meinen Freundinnen oder später bei Ronny war. Es hätte nicht viel gebraucht; eine Frau, die einfach nur da gewesen wäre, ab und zu ein Lächeln aufgesetzt hätte.
Die mir etwas *vorgelesen* oder mich nur *gefragt* hätte, wie es in der Schule war. Die mich für meine Leistungen gelobt oder sich diese wenigstens am Rand angeschaut hätte, als ich bei einem Turnier war. Nichts, nada.

Von dem ausbleibenden Schutz gegenüber dem übergriffigen Babysitter, der später unser Nachbar wurde, ganz zu schweigen.

Ich wollte all das für meine Kinder anders machen, wenn ich jemals Mutter werde. Und erst recht lasse ich mir nicht von jemandem, der nicht den Mumm gehabt hat, sich dazwischen zu stellen, vorwerfen, ich sei wie sie.

Das Gespräch neigte sich dem Ende zu. Er möge mich nicht wieder anrufen, sagte ich, während ich mir meine Jacke anzog.

Ungefähr zehn Jahre später sah ich ihn noch einmal wieder, als ich ihn in Meißen besuchte. Doch zunächst zu einem drastischen Vorfall in einem Waldstück.

Waldknall

In meinem Leben gab es mehrere Wendepunkte. Einer davon tat sich auf, als mir die Mutter eines Freundes einen Hund schenkte, einen Welpen, den niemand haben wollte. Luna, so nannte ich sie, veränderte mein Leben grundlegend. Durch sie lernte ich, Verantwortung zu tragen. Einen Hund zu versorgen war einfacher als ein Kind zu erziehen, dachte ich, und gab Luna all meine Liebe und Aufmerksamkeit. Unsere Bindung war so stark, dass ich jede Entscheidung in meinem Leben darauf abstimmen musste, wie es Luna gehen würde. Hunde sind hilflos, abhängig von der Fürsorge des Menschen und besitzen eine Seele, die in ihrem Verhalten sichtbar wird. Ich hätte später niemals in die USA gehen können, hätte ich nicht gewusst, dass Luna gut versorgt wäre.

*

Im Sommer 1992 lag die zentrale Aufnahmestelle für Asylbewerber in Mecklenburg-Vorpommern in einem elfstöckigen Plattenbau, der aufgrund seiner mit Sonnenblumen bemalten Fassade als *Sonnenblumenhaus* bekannt war. Das Gebäude war für die unmenschlichen Bedingungen berüchtigt, unter denen die Asylbewerber leben mussten.

Die Verantwortlichen wollten die Flüchtlinge nicht drangsalieren – sie wussten sich schlicht nicht anders zu helfen. Tag für Tag kamen weitere Antragsteller, die aufgrund des Personalmangels unregistriert blieben und vor dem Gebäude ausharrten, in der Hoffnung, in die Aufnahmeprozedur aufgenommen zu werden. Die Behörden ignorierten die Beschwerden der Anwohner über die hygienischen Missstände und die entwürdigenden Zustände in dem Wohnkomplex. In den Tagen vor den gewalttätigen Ausschreitungen hatten etwa vierhundert Asylbewerber auf den Grünflächen vor der Aufnahmestelle campiert, was zu Verärgerung bei den Anwohnern führte. Die Behörden ließ die unhaltbaren Zustände unbehelligt.

Für den 1. September 1992 war der Umzug der Aufnahmestelle in eine leerstehende Kaserne der Nationalen Volksarmee (NVA) geplant. Deren Infrastruktur war auf die Bedürfnisse der Angehörigen der Soldaten ausgerichtet, es gab eine Gaststätte und einen kleinen Konsumladen. Ende 1979 war eine junge Kollegin meiner Mutter aus der Gärtnerei hierhergezogen, da ihr Mann als Offizier seinen Posten angetreten hatte. Die frisch getrauten Eltern hatten ihre Kinder in die ansässige Kindertageseinrichtung gebracht, die für die Familien der dort Stationierten gebaut worden war. Ein aus Eisen geschmiedetes rotes Klettergerüst im Design eines Sputniks und eine Wippe mit Holzsitzen standen für Kinder im Wald. Das Spielgerät war geblieben, doch der ›Komfort‹ für die Zurückgebliebenen der ehemaligen Kasernenarbeiter war nicht mehr wahrnehmbar gewesen und wir hatten uns auf die neue Situation auf dem Gelände einstellen müssen.

Die Flüchtlinge waren anders, redeten laut. Sie waren den Anwohnern fremd, sie fühlten sich überrollt. Kurzum: Überforderung an allen Ecken und Enden.

Nachdem es vereinzelt zu fremdenfeindlichen Übergriffen gekommen war, sammelten sich am 22. August zahlreiche Jugendliche in der Nähe der Aufnahmestelle und bewarfen die vor dem Gebäude befindlichen Bewohner mit Steinen. Als sich diese ins Haus zurückzogen, warfen die jungen Menschen die Fensterscheiben ein. Die Polizei griff ein, zog sich jedoch zurück, als sich die Lage beruhigt hatte.

In den folgenden Nächten versammelten sich immer mehr gewaltbereite Jugendliche und beteiligten sich an den Angriffen auf das Gebäude oder an Konfrontationen mit der Polizei. Passanten beobachteten das Geschehen untätig oder jubelten den Angreifern zu. Es waren vor allem die fremdenfeindlichen Parolen, die uneingeordnet durch die Medien gingen. Sie berichteten über diese Ereignisse, woraufhin zahlreiche Neonazis, insbesondere aus Schleswig-Holstein und Niedersachsen, anreisten, um sich an den Ausschreitungen zu beteiligen. Ihr Anteil an den Gewalttaten wurde auf siebzig Prozent geschätzt, eine Tatsache, die von den Medien oft unerwähnt blieb. So nahmen viele Bürger das Problem als lokal begrenzt wahr, was nicht der Realität entsprach.

Am Morgen des 24. August wurde die Aufnahmestelle evakuiert. Ein angrenzendes Wohnheim, in dem sich zu diesem Zeitpunkt einhundertfünfzehn Vietnamesen befanden, wurde jedoch nicht geräumt, da irrtümlich angenommen wurde, dort wohnten nur Deutsche.

Die Vietnamesen wurden zum Ziel weiterer Angriffe. Angehörige der Antifa-Bewegung, die sich um den Schutz der Gebäude und seiner Bewohner bemühten, wurden wegen Gewalt gegen Polizisten von diesen am Abend festgenommen. Ein Sprecher kritisierte bei seiner Festnahme vor einer Fernsehkamera, die Polizei sei überfordert und man müsse mit dem Schlimmsten rechnen.

In der Nacht eskalierte die Situation. Unter den hetzerischen Ausländer-Raus-Rufen warfen mehrere Täter Steine und Molotowcocktails in das Gebäude. Rechtsextremisten stürmten den Eingangsbereich mit Baseballschlägern, zerstörten Einrichtung und Beleuchtung und sollen Benzin ausgegossen und gedroht haben, die Bewohner zu »rösten«.

Zu den über einhundert Eingeschlossenen gehörte auch ein Fernsehteam. Einer der Journalisten schrieb später, dass die Notausgänge zum Nachbarhaus von den deutschen Nachbarn mit Ketten gesichert worden waren, um zu verhindern, dass sich die Ausländer in Sicherheit bringen konnten. Den vietnamesischen Familien und den Reportern gelang die Flucht auf das Dach, von dem sie nicht gerettet werden konnten, weil die Feuerwehr wegen der Gewaltbereitschaft der Anwesenden nicht eingreifen konnte. Erst in der folgenden Nacht brachte die Polizei mit Unterstützung auswärtiger Einheiten und dem Einsatz von Wasserwerfern die Lage unter Kontrolle.

Zu den Flüchtlingen gehörten nicht nur Vietnamesen, sondern auch viele Roma aus Osteuropa, überwiegend Rumänien und Bulgarien. Auf einen von ihnen sollte ich in diesen Monaten treffen.

*

Es war Februar und gegen siebzehn Uhr bereits dunkel. Meine Arbeit war beendet und ich setzte mich in meinen blauen Clio, um in Rostock einkaufen zu fahren. Auf der Rückfahrt musste ich über eine Landstraße fahren, die keinen Fußgängerweg hatte, vor mir ein weißer, alter VW-Kleintransporter, mit knapp fünfzig Kilometern pro Stunde eher langsam unterwegs. Ich entschied mich dazu, ihn zu überholen. Während des Überholvorgangs sah ich plötzlich etwas auf der Gegenfahrbahn. Bremsen. Irgendetwas knallte mit unglaublicher Wucht auf meine Frontscheibe. Ich konnte nur erahnen, was passiert war. Mein Auto kam auf der anderen Straßenseite, kurz vor einem Baum, zum Stehen. Überall waren Splitter, eine dunkle Flüssigkeit bedeckte die Scheibe, und ich saß zitternd und schockiert im Fahrzeug. Ein Blitz durchzuckte mich, Fragen schossen mir durch den Kopf. Was war passiert? Was donnerte mir auf die Scheibe? Ein Ast? Ein Baum? Eine Katze? Ein Reh?

Mit letzter Kraft kletterte ich aus dem Wrack und lief in die Dunkelheit hinein, schrie um Hilfe. Der Transporter hielt an und Bauarbeiter stiegen aus. Ich rief, dass etwas Schreckliches passiert sei, und einer der Arbeiter hielt mich fest und beruhigte mich. Ich wurde hysterisch und verlor den Boden unter den Füßen. Beinah fiel ich in Ohnmacht, kurz bevor ich in seine Arme sank. Weitere Autos hielten an, Polizei und Krankenwagen wurden gerufen, ich sah alles wie durch einen Schleier. Ich realisierte kaum, was geschah, ein Sanitäter brachte mich zu einem Rettungswagen.

Ich stand unter Schock. Was war geschehen? Der Sanitäter sagte, ich mache einen unverletzten Eindruck und könne mit den Beamten reden. Welche Beamten? Ein Beamter von der Polizei kam zu mir und setzte sich neben mich. Ob ich die Fahrerin des Unfallfahrzeugs sei. »Ja.« Und ob ich Fragen beantworten könne. Ich sagte, dass ich nicht wisse, was passiert war. Er fragte nach meinem Namen und Wohnort, wohin ich gefahren und von wo ich gekommen war. Wie es zu dem Unfall kam, was mein Anteil war. Ich wollte es nachzeichnen – aber es ging nicht, die Erinnerung war wie ausgelöscht. Ich bat um Wasser. Der Beamte verzog das Gesicht, notierte sich etwas, stand auf und besprach sich mit seinem außerhalb des Rettungswagens stehenden Kollegen. »Nicht in der Lage«, vernahm ich dem Gemurmel. Dann kam er erneut rein, reichte mir eine Trinkflasche und fragte, ob ich unter einer Gehirnerschütterung leiden würde. Auch das konnte ich nicht beantworten. Der Beamte zog die Augenbrauen hoch und besprach sich erneut mit Sanitätern und Kollegen. Ein letztes Mal betrat er die Kabine und eröffnete mir, dass ich ins Krankenhaus gefahren und gründlich untersucht werden würde. Im Anschluss würde sich dann ein anderer Kollege bei mir melden.

Und so kam es dann auch und ich weiß nicht, wie es mein verbeultes Auto von der Unfallstelle weggeschafft hat.

Anfang der 1990er-Jahre gab es keine Mobiltelefone. Ich konnte nicht zuhause anrufen, mich nicht informieren lassen. Am Krankenhaus angekommen, wurde ich von einer verständnisvollen Ärztin untersucht. Ich hatte eine Wunde am Kopf, offenbar bin ich beim Aufprall gegen das Lenkrad geknallt, mein Kopf hämmerte unerträglich.

Ich bemerkte einen zwei Zentimeter langen Schnitt am mittleren Finger meiner rechten Hand und verstand immer noch nicht ganz, was in dieser schicksalhaften Nacht passiert war.

Ich stand unter Schock. Mein Kopf schmerzte weiterhin. Die Ärztin fühlte meinen Puls und maß meinen Blutdruck. Hatte ich Alkohol getrunken? Nein. Ich zitterte am ganzen Leib und immer wieder fragte ich, was geschehen war. Dann wurde ich in ein Einzelzimmer verlegt, in das wenig später ein Polizeibeamter eintrat. Er klärte mich auf: Ich hatte einen Menschen überfahren, einen Asylbewerber, der ohne Kennzeichnung oder Warnweste auf der vielbefahrenen Landstraße unterwegs war. Es gab dort keinen Fußgängerüberweg, er lief einfach auf der Straße, auf der gegenüberliegenden Seite. Als ich das hörte, brach ich zusammen. Der Mann war alkoholisiert und offenbar auf dem Weg in die angrenzende Stadt gewesen. Während meines Überholmanövers traf ich ihn frontal, er wurde in den Graben geschleudert. Jede Hilfe kam zu spät.

Bei meinem Unfall war ich selbst fast ums Leben gekommen, es fehlten ungefähr zwanzig Zentimeter, dann hätte mein Auto den Baum berührt. In meinem Kopf drehte sich alles. Es fühlte sich an wie ein Alptraum oder ein Horrorfilm. Es war jedoch die Realität, meine Realität.

*

Ich musste mich mit Anschuldigungen auseinandersetzen, dass ich einen Menschen auf dem Gewissen hatte, mit den Bedrohungen der Familie des Verunglückten und mit meiner eigenen Schuld.

Der junge Mann war gerade erst in Deutschland angekommen. Die Nacht hinterließ eine Narbe, begleitet von Albträumen und einem Gefühl der Verzweiflung.

Bis heute bin ich eine schlechte Beifahrerin, beobachte die Straßen mit Argusaugen.

In den folgenden Monaten wurde ich bei der Polizei vorgeladen, es gab ein Ermittlungsverfahren. Ich war Beschuldigte und durfte die Aussage verweigern. In Absprache mit meinem Rechtsanwalt entschied ich mich dafür, nicht auszusagen. Wenige Wochen später wurde das Verfahren eingestellt. *Unfall.*

Für die Justiz war die Sache damit gegessen, für die ›Straßenjustiz‹ jedoch nicht. In der Gemeinde, in der die Familie des Verunfallten untergekommen war, regte sich Widerstand gegen meine Person. Ich galt als *Mörderin* und nach mir wurde gesucht. Eines Tages standen sie vor meiner Tür, offenbar hatte mich einer von ihnen beim Einkaufen wiedererkannt. Sie waren mir gefolgt, stellten mich vor meinem Wohnhaus zur Rede. Ich hatte Angst, fühlte mich bedroht; sie hätten *alles* mit mir machen können. Ich sagte, ich würde die Polizei rufen. Das schienen sie zu respektieren; unvollendeter Dinge zogen sie ab. »Wart nur ab«, flüsterte eine Frau. Die Mutter? Die Schwester? Ich weiß es nicht, es kam nicht zu einem Dialog. Dieser Vorfall aber spülte mich aus der Stadt.

Ich wusste: Ich *muss hier raus*, ich *konnte* nicht mehr. Ich hatte Angst, dass sich noch mal so ein Vorfall ereignen würde, oder Schlimmeres. Ich fand Trost bei Großmutter Berta, Oma Erna und Papa Horst.

Sie waren meine Felsen in der Brandung und ich konnte mich langsam verabschieden.

Es ging nicht mehr. Ich verließ Ronny, wir waren zu unterschiedlich. Ich zog nach Schwerin, die Stadt, in der auch Horst arbeitete.

*

In besonderen Momenten kommt dieses Erlebnis wieder hoch. Als meine Tochter ihren Führerschein machte oder als wir uns 2015 mit massiven Flüchtlingsströmen konfrontiert sahen. Mich katapultiert so was an den Abend zurück, an dem ich einem jungen Menschen das Leben nahm, und ich frage mich, wie wir als Gesellschaft mit diesem Phänomen umgehen und ob wir alle Dimensionen klug ausloten.

Kisten

Das Lied *Als ich fortging* von der Band *Karussell* habe ich immer sehr gemocht. Das Stück ist emotional und setzt sich mit den Themen *Verlust* und der *Vergänglichkeit* von Momenten auseinander. Der Text reflektiert die Natur eines Abschieds, in dem die Trauer über das Ende einer Phase und die Hoffnung auf Neuanfang nebeneinanderstehen.

Dieses Lied begleitete mich, als ich in meine erste eigene Wohnung zog. Endlich würde ich in meinen eigenen vier Wänden leben und die Freiheit genießen. Niemand würde mich mehr schikanieren und Steine in den Weg legen. Das Leben mit meiner Mutter schien hinter mir zurückzubleiben, obwohl ich sie zwei Tage vorher noch gesehen hatte. In diesen Wochen brach der Kontakt zu ihr ab, wir telefonierten hin und wieder und sahen uns zu Geburtstagen. Das Gefühl des Neuanfangs war überwältigend, ich war euphorisiert. *Endlich* durfte ein neues Kapitel beginnen.

Ich war Anfang zwanzig und nahm eine Festanstellung in einer Industriefirma an – jedoch im Büro, nicht konkret in der Produktion. Diese Entscheidung führte später zu einer weiteren Fortbildung als Betriebswirtschaftlerin. *Endlich* konnte ich *selbst* entscheiden, wie ich leben wollte.

Die Zimmer, meine Kleider, die Männer und Frauen, die mich besuchen würden. Nie wieder musste all das die gefürchtete Mutterschranke passieren, *endlich* war ich für mich selbst verantwortlich, mit allen Konsequenzen aber auch Vorteilen, es fühlte sich an, als wäre ich aus dem Gefängnis freigekommen. Wo sollte das Bett stehen? Rechts oder links? Sollte es zum Fenster ausgerichtet sein? Ich überlegte, ob ich eine Teppichbrücke über den vorhandenen grauen Teppichboden legen sollte.

Die Wohnung lag in einem etwas in die Jahre gekommenen Gebäude in Schwerin und strahlte eine zeitlose Eleganz aus. Beim Öffnen der schweren Holztür eröffnete sich mir ein Raum, der von natürlichem Licht durchflutet war. Die hohen Decken ließen die Wohnung noch geräumiger erscheinen, als sie ohnehin war. An den Wänden zeugten dezente Stuckverzierungen von einer vergangenen Ära, die dem Objekt Charakter verlieh.

Die Einbauküche war klein und effizient, jeder Zentimeter sorgfältig geplant, die Oberflächen glänzten in einem beruhigenden Weiß, die unter den Hängeschränken montierten LED-Leisten leuchteten einladend. Der perfekte Ort, um Essensexperimente zu wagen oder den Morgen mit einer Tasse Kaffee zu starten.

Der Wohnbereich war das Herzstück der Wohnung. Das helle Laminat bildete einen neutralen Untergrund, der es mir ermöglichte, mit verschiedenen Farbakzenten und Textilien zu spielen. Ein großes Fenster sorgte für die Verbindung zur Außenwelt und den Jahreszeiten – und jede Menge Licht.

Ich konnte es mir lebhaft vorstellen, wie ich es mit weichen Kissen und Decken in eine gemütliche Leseecke verwandeln würde.

Ein kleiner Balkon rundete die Zwei-Zimmer-Wohnung ab. Er wirkte wie ein Zufluchtsort und für einen Moment erinnerte ich mich an die Balkongespräche mit der Mutter von Ronny. Umgeben von grünen Bäumen, die eine Barriere zum städtischen Trubel bildeten, bot er die Möglichkeit zum Rückzug und endlosen Abendgesprächen mit Bekannten und Freunden, die ich einladen würde. Hach. Vielleicht war meine Jugend doch nicht so verkorkst, immerhin sammelte ich viele schöne Erinnerungen, die ich in einer behüteten Umgebung möglicherweise nicht so gesammelt hätte. Meine Vorfreude stieg weiter, als ich mir vorstellte, diesen kleinen Ort mit Leben zu füllen, mit Lachen, Musik und schönen Abenden. Ich konnte es kaum erwarten, Kunst an die Wände zu bringen oder Freunde einzuladen. Damals waren Fotoaufnahmen selten und etwas Besonderes.

Diese zwei Räume waren *mehr* als einfach nur irgendeine Wohnung; es war der Beginn eines neuen Lebensabschnitts. Ein leeres Blatt, auf dem ich neue Geschichten schreiben wollte.

*

In der ersten Nacht weinte ich bitterlich. Mein bisheriges Leben zog im Schnelldurchlauf an mir vorbei, die unangenehmen und schönen Situationen mit Maik, die langen Streits mit meiner Mutter, die erhellenden Momente mit Papa Horst und Otto, meinem Trainer, der an mich glaubte, und überhaupt die Passagen, in denen ich dem Sport nachging, meine Glücksmomente während der Ausbildung. Den Autounfall blendete ich aus, meine Psyche wollte diesem Erlebnis keinen Platz einräumen. Vieles lief chaotisch, nicht nach Plan.

Die Verarbeitung sollte *nacheinander* stattfinden, nicht alles auf einmal. Ich hob die Beine aus dem Bett, stand auf und machte mir einen Tee. Irgendwie vermisste ich meine Mutter. Jetzt schon? Es war gerade mal der erste Tag. Ich war überglücklich, sie nicht mehr ertragen zu müssen. Aber andererseits war sie meine Mutter. Und ich vermisste sie. Vielmehr vermisste ich ein nie erlebtes Ideal von ihr, das mich in den Arm nahm und tröstete, für mich da war. Solch eine Mutter hätte ich gerne gehabt – und solch eine Mutter vermisste ich.

Ich schaute auf die Kisten, die neben meinem Bett gestapelt waren. Horst half mir, sie hochzutragen. Überhaupt hatte ich ein sehr gutes Verhältnis zu ihm, wir sahen uns regelmäßig.

In dieser Nacht tat ich nichts Weiteres. Um in einem Buch zu blättern, war es zu spät (oder zu früh) und ich war müde, wollte ein paar Stunden schlafen, bevor ich mich zur Arbeit begab. Der Tee war alle. Ich spülte die Tasse aus, trocknete sie ab und stellte sie zurück in den Schrank. Und mit ihr meine Erinnerungen, die immer wieder aufkommen würden, aber ihren gerechten Platz hatten.

Verantwortung

Ein paar Jahre später zog es mich in die weite Welt, karrieremäßig konnte das noch nicht alles sein. Ich war inspiriert vom Westanschluss, merkte, wie viele Menschen in meinem Alter sich weiterbildeten, und so ging auch ich für ein paar Monate nach Amerika, um mein Englisch zu verbessern und meinen Horizont zu erweitern. In der DDR war mir nur Russisch beigebracht worden, Englisch und Französisch waren fakultativ, man durfte das eine oder das andere wählen. Ich lernte viel in den Staaten und kehrte mit einem vollgepackten ›Erkenntniskoffer‹ heim.

Zurück in Deutschland studierte ich Betriebswirtschaft in Hamburg. Ich wusste nicht, wohin mich dieser Berufsabschluss führen würde, aber ich war glücklich damit und stand nach meinen Prüfungen vor der Wahl, nach Frankfurt oder London zu ziehen.

Das Ausland hätte mich gereizt, aber das hätte ich mit Luna nicht machen können. Meine Entscheidung fiel daher auf Frankfurt. Luna war während meiner USA-Abwesenheit bei einem Freund untergekommen, stand mir über fast sechzehn Jahre zur Seite. Sie zeigte mir, was Verantwortung hieß, unerschütterliche Loyalität.

Auch wenn viele Hundebesitzer das sagen würden: Für mich war sie mehr als nur ein Haustier; sie symbolisierte bedingungslose Liebe und das Engagement, das ich trotz der Herausforderungen meines Lebens zu geben bereit war. Luna, mein Anker in Zeiten des Sturms, auf eine eigene Weise, die kein Mensch in der gleichen Intensität hätte abbilden können.

Ich genoss das pulsierende Leben und die Mischung aus Kultur, Wirtschaft, Wissenschaft und Medien. Ich fühlte mich zuhause und in der neuen Welt angekommen. Etliche Bewerbungen später wurde ich von einer renommierten PR-Agentur zum Gespräch eingeladen. Hui, dachte ich. *Das wär' ja was.* Die Klienten waren prominent, Politik, Film und Fernsehen. Vor allem der letzte der drei Vorstellungstermine blieb mir in Erinnerung. Die ersten beiden Treffen liefen gut.

Es ging um die Firma und auf welche Weise ich mich mit meinem betriebswirtschaftlichen Wissen einbringen wollte. Im zweiten Gespräch wurde ich gefragt, ob ich das Zeug hätte, mich als Neueinsteigerin in der PR-Welt zu behaupten. Und im dritten und letzten Gespräch sollte es um meine bisherige Arbeitserfahrung gehen.

Bereits nach fünf Minuten knallte es. Mit einer herablassenden Bemerkung machte der Vorgesetzte klar, dass er mir weniger zutraute, weil ich aus dem Osten stammte. Ich erinnere mich nicht mehr an den exakten Wortlaut, aber ich, die einiges einstecken kann und auch für Scherze zu haben ist, fühlte mich derart diskriminiert und ungerecht behandelt, dass ich aufstand und sagte: »Sie haben meine Unterlagen gesehen.

Dass Sie mich dreimal herkommen lassen, um mir dann Ihre Meinung über den Osten und die DDR-Übernahme zu eröffnen, akzeptiere ich nicht. Für Sie arbeite ich nicht.« Als er die Konsequenz seines Fehler realisierte, entglitten ihm die Gesichtszüge.

»Aber …«, setzte er an, doch ich war so wütend, dass ich das Büro verließ. Ich bin kein Kind von Traurigkeit, aber ich erwarte *Augenhöhe*.

Er rief mich dann an, als ich aus dem Gebäude raus war. Es täte ihm leid, er würde mir die Stelle anbieten wollen.

Ich denke hin und wieder an die Situation und daran, was ich mir wohl eingebrockt hätte, wäre ich eingeknickt und zurückgegangen. Ich stelle mir vor, wie drangsalierend und schlauchend die Zusammenarbeit verlaufen wäre. Noch schlimmer, wenn ich meine Grenze nicht gezogen und den Witz geschluckt hätte; immer wieder hätte ich mich von Ostwitzchen demütigen lassen müssen. Nein, danke. Wenn ich *eines* aus meiner herausfordernden Sozialisation mitnehme, dann, dass ich für mich *einstehe*.

Dass ich mich, sofern möglich, nicht mehr freiwillig an den Rand stelle und Zuschauerin bleibe, sondern mitten rein gehe und mein Schicksal selbst gestalte. Alles im Rahmen meiner Möglichkeiten – aber wir alle haben Luft nach oben.

Ich bewarb mich weiter und wurde in der Controlling-Abteilung eines Radiosenders eingestellt. Ein Unterschied wie Tag und Nacht, viele Eindrücke und Erfahrungen.

Meine Kollegen waren aufgeschlossen und dynamisch, der Altersdurchschnitt lag bei knapp unter dreißig. Es war die Zeit des Aufbruchs, geprägt vom aufkommenden Internet, die Euphorie schwappte nach Europa.

Ich erlebte den Mangel an Spezialisten, die mit den neuen Anforderungen umgehen konnten, und wie dieser zu einem Problem wurde. Und dann kam Finn.

Er war unser Redaktionsleiter und zwischen uns herrschte von Anfang an eine gute Chemie. Zwar war er nur drei Jahre älter als ich, aber er strahlte eine ungeheure Souveränität aus. Eine Ruhe, von der ich mich angezogen fühlte. Er lud mich zum Essen ein und erzählte mir von seinem Weg nach Frankfurt. Wir redeten darüber, dass es für mich aufregend sei, eine neue Stadt kennenzulernen; auch Finn war erst vor zwei Jahren hergezogen. Seine Worte waren ehrlich und gaben mir das Gefühl, dass ich ihm vertrauen konnte.

Ich konnte mich dank ihm schnell im neuen Arbeitsumfeld zurechtfinden, der Stadt und Leute habhaft werden und im Büro hielt Finn mir den Rücken frei.

Nicht auf eine Weise, in der er mich unterforderte, sondern denkbar angenehm. Es gab keine Zickenkriege, keine Streitereien mit Kollegen, kein Gerangel. Er führte sein Team exzellent und durch Absprachen mit anderen Teams lernte man sich besser kennen.

2001 wurden wir zusammen auf eine Geschäftsreise geschickt, auf der es endgültig funkte. Wir entschieden, unsere Zukunft *gemeinsam* verbringen zu wollen.

Überhaupt war die Zeit um die Jahrtausendwende für mich der Inbegriff einer neuen Zeitrechnung. Mein Leben schien richtig anzufangen. Die Welt veränderte sich, wurde digitaler, der technische Fortschritt durchdrang alle Bereiche. So auch die Frauenarztpraxis; nach einem Besuch bei meinem Gynäkologen hielt ich das Ultraschallbild in meinen Händen. Angst überkam mich und unzählige Fragen schossen mir durch den Kopf. Die prägnanteste war, ob ich es schaffen würden, eine *gute Mutter* zu sein. Ich, mit meiner Geschichte, mit meiner eigenen Mutter. Kann ich das, was ich selbst nie erfahren habe, meinem Kind geben? Unser Kind war eines der Liebe, *gewollt* und einer positiven Ausgangssituation entsprungen. Das Wesen auf dem Ultraschallbild war herzerwärmend. Ich beschloss, eine gute Mutter zu sein, und keinesfalls so, wie es mir meine eigene Mutter vorgelebt hatte. Der Druck war enorm, da ich nicht auf ein Vorbild zurückgreifen konnte. Ich wollte es auf meine Art machen.

Bei der Geburt war ich *verwirrt* und *aufgeregt* zugleich. Von einer Schwangeren war ich plötzlich in den Status einer *Mutter* geschubst worden. Aber alles in allem war es gut so. Zu viel Grübelei zerstört jeden Zauber. Und die Vollmondnacht an diesem Freitag, dem Dreizehnten, verwandelte sich in Stunden voller Wunder.

Sie war ein Wunschkind, aus Liebe entstanden, und ich betrachtete die Situation positiv – es war entzückend, das kleine Wesen auf dem Bild zu sehen. Es war willkommen, und das größte Abenteuer meines Lebens stand bevor. Ich war bereit, mich darauf einzulassen, auch wenn ich unter Druck stand und mir ein positives Vorbild fehlte. Ich wollte auf meine *eigene* Art Mutter werden.

Die Geburt lief problemlos. Mein eigenes Ostseekind war da! Binnen weniger Wochen wurde ich von einer Schwangeren zu einer jungen Mutter, die ihr kleines und kuschelbedürftiges Wesen in den Armen hielt. Ich hatte mich der Herausforderung gestellt, die ich bisher gefürchtet hatte.

Ich wollte, dass meine Tochter niemals erlebt, innerhalb ihrer Familie ungerecht behandelt zu werden.

Ich selbst hatte über Jahre einen Panzer um mich aufgebaut, um in das Bild der ungewollten Tochter zu passen. Um Ausgrenzung zu vermeiden, schwieg ich oft und versteckte mich. Es schien, als läge ich verloren in den Trümmern der Vergangenheit meiner Mutter. In meiner Kindheit hatte ich nicht gewusst, dass ich ein Mensch bin – ich musste mich aus dem Kinderkörper befreien und meinen eigenen Kinderkörper zur Welt bringen. Mit meiner Existenz hatte ich meiner Mutter stets einen Spiegel vorgehalten. Immer, wenn sie mich sah, erinnerte sie sich an ihre Entscheidung, mich zu bekommen.

Heute weiß ich, wie ich das einordnen muss. Mehr auf der letzten Seite.

Über die Jahre begann ich mich wohlzufühlen mit dem, was in mir reifte. Meine Mutter glaubte, mich zu kennen, doch das war eine klare Fehleinschätzung. Ich mochte, was ich im Spiegel sah.

Die Veränderungen der vergangenen Jahre hatten positive Spuren hinterlassen, und nicht einmal mein Bauch während der ersten Schwangerschaft konnte das trüben.

Ich lernte, meine Geschichte zu akzeptieren. Sie hatte mich geprägt und auch ohne Mutter war mein Weg zwar nicht leicht, aber *machbar*. Ich wollte meine Schutzhülle fallen lassen, denn das Erlebte hatte mich stark gemacht und mein Leben lebenswert.

Überschwemmung

So vergingen die Jahre, und meine Tochter wurde älter und begann nach ihren Großeltern zu fragen. Die Eltern von Finn hatten einen guten Draht zu ihr, aber meine Eltern blieben eine Blackbox. Eines Tages beschloss ich, gemeinsam mit ihr meine Mutter in einem Café zu treffen. Wir hatten all die Jahre nur sporadisch Kontakt gehabt, und ich dachte, es könne nicht schaden, es noch einmal zu versuchen. Meine Mutter war mittlerweile älter und gebrechlicher geworden. Das Treffen war weder toll noch furchtbar, irgendwo dazwischen. Meine Tochter fremdelte mit ihr, und ich auch. Sie verbrachte fast die gesamte Zeit in einer Spielecke, sodass ich mich in Ruhe mit meiner Mutter unterhalten konnte. Immer wieder fragte ich sie, warum sie mich früher so schlecht behandelt hatte. Doch es kam keine Antwort.

Nach dem Treffen ließ sie mir einen handgeschriebenen Brief zukommen, in dem sie versuchte, meine Fragen zu beantworten. Ich zeige diesen Brief – später.

Ich habe nie zurückgeschrieben.

*

Ihren leiblichen Großvater lernte meine Tochter hingegen nicht kennen, aber *ich* traf ihn wieder. Das Ganze entsprang einem Zufall; ich war unterwegs zu einer Fortbildung nach Chemnitz und hatte Zeit, einen Abstecher nach Meißen zu machen. Ich wusste, dass mein Vater dort die Bäckerei seines Vaters weiterbetrieben hatte. Spontan entschied ich, ihm einen Besuch abzustatten.

Meißen ist eine der Städte, die 2002 unter der Jahrhundertflut gelitten hat. Ich war zwei Jahre später dort und bereits von Weitem sah ich, dass das Grundstück meines Vaters in Mitleidenschaft gezogen worden war.

Der Wasseranstieg begann mit der Weißeritz, die am 12. und 13. August 2002 über die Ufer trat und erste Gebiete verschlang. Wenige Tage später folgte die Elbe – und damit eben auch Meißen und das Viertel, in dem mein Vater die Bäckerei führte. Er war kein gelernter Bäcker, aber fungierte als Inhaber und stellte Bäcker und Gehilfen ein.

Dresden wurde zum Sinnbild der Flut. Der Hauptbahnhof wurde überflutet, der Zwinger, Teile von Löbtau und Plauen. Die Flutwelle bahnte sich ihren Weg durch die Sankt Petersburger und Prager Straße, zog weiter in Richtung der historischen Altstadt und fand schließlich in der Nähe der Marienbrücke ihren Weg zurück in die Elbe.

Am 13. August wurde der Katastrophenalarm ausgelöst. Die Situation verschärfte sich, als starke Regenfälle in Tschechien den bereits hohen Pegel der Elbe weiter ansteigen ließen und die Hochwasserwarnstufe 4 in einigen Gebieten überschritten wurde.

Die Überflutungen betrafen zahlreiche Gebiete, besonders den alten Elbarm, der inzwischen bebaut war, und auch andere Flüsse, die in die Elbe mündeten, überschwemmten Teile der Stadt. Trotz der Anstrengungen von Freiwilligen, dem Technischen Hilfswerk, der Bundeswehr und der Feuerwehr, die schnell Deiche errichteten, waren viele Bemühungen vergebens. Einige Menschen verloren ihr Leben.

Ein Grund für den extremen Pegelstand war die Bebauung des ursprünglichen Flutraumes, wodurch sich die Wassermassen nicht gefahrlos ausbreiten konnten. Das Hochwasser führte zu einem Umdenken in der Bevölkerung und in den Planungen, aber mit der Zeit scheinen diese Erlebnisse in Vergessenheit zu geraten, und erneut wird in gefährdeten Gebieten gebaut. Auch in den Jahren 2006 und 2011 erlebte Dresden Elbehochwasser mit kritischen Pegelständen, die erneut Häuser überfluteten, jedoch ohne die verheerenden Ausmaße der Flut von 2002.

Ich erkannte von Weitem, dass das Grundstück arg getroffen war. Die Bäckerei selbst sah hübsch aus und war geöffnet. Mein Vater arbeitete nicht mehr dort; ihm gehörte lediglich das Grundstück. Offenbar hatte er drei oder vier Personen eingestellt, die den Betrieb am Laufen hielten. Wie es der Zufall wollte, lief ich meinem Vater in die Arme, er stand vor dem Gebäude, als hätte er auf mich gewartet. Was ich hier mache, fragte er und freute sich. Das Backstein-Eckhaus war malerisch und gut gelegen. Es hatte Generationen überdauert und galt als lokaler Treffpunkt; im Nebengebäude gab es eine Kneipe.

Mein Vater sah nicht gut aus. Als ich sicher war, dass er mich erkannt hatte, umarmte ich ihn kurz. Er tat mir leid, ich sah, dass es ihm nicht gut ging. Er bot mir an, noch ein bisschen zu bleiben und wir gingen in seine Wohnung, in der wir Tee tranken und Kuchen aßen.

Nach einer halben Stunde wurde er erneut aggressiv, wie Jahre zuvor im Hotel. Er verkniff sich lange Anekdoten über sein verkorkstes Leben, er sprach auch uns und meine Mutter nicht an. Ich sei immer seine *Lieblingstochter* gewesen, sagte er, und er hätte sich gewünscht, dass ich mich besser um ihn gekümmert hätte.

Da platzte es erneut aus mir raus – wenn auch kontrollierter als noch vor zehn Jahren. Ich sagte ihm, dass er das nicht erwarten könne – und bekam gleichzeitig ein schlechtes Gewissen. Warum eigentlich nicht? Er war über siebzig, ich stand mitten im Leben. Die Kapazitäten hätte ich aufbringen können.

Aber nein. Wie konnte er, der mein Leben derart verneint hatte, so etwas fordern? Ich hielt mich mit Vorwürfen zurück, da er traurig und verbittert wirkte. Offensichtlich war er froh, jemanden zum Reden zu haben.

Dann schlug seine Stimmung um und er bekräftigte, dass er mir, seiner *Lieblingstochter*, eines Tages das Grundstück überlassen möchte. Auch deshalb, weil er sich damit bei mir entschuldigen wolle. Er zitterte. Und ich auch. Schon wieder Druck. Ich wollte doch nur verstehen, im besten Falle *ankommen*, meine Familie schrittweise zusammensetzen, nicht erneut einer Entscheidung ausgesetzt werden.

Vor allem wollte ich keine Immobilien in Meißen besitzen, die ich dann hegen müsste. Ich hätte sie verkaufen können, aber derart nüchtern und geschäftsfreudig konnte ich das alles nicht sehen, nicht in diesen Minuten. Ich nahm nur *Druck* wahr, *Verantwortung*. Dieser ... Mistkerl. So oft nahm ich von ihm lediglich *Gewalt*, *Aggression* und *Druck* wahr.

Nur – wie böse konnte ich einem unglücklich dreinblickenden fünfundsiebzig Jahre alten Mann sein?

Im Anschluss zeigte er mir den Rest des Geländes, ehe ich mich verabschiedete. »Überleg's dir.« Das sollten seine letzten Worte an mich gewesen sein.

Verstehen

Weitere Jahre später ein Anruf. Eine mir fremde Frau meldete sich. »Hier ist Margarete, deine Tante.« Meine ... *Tante*? Die Schwester meines Vaters. Er sei gestorben – sie hätte mir Bescheid geben wollen.

Irgendwie musste ich bei dieser trockenen Art lachen, wenngleich mich der Tod natürlich schockierte. Niemand steckt den Tod des eigenen Elternteils leichtfertig weg, auch dann nicht, wenn das Verhältnis nicht gut war.

Margarete atmete schwer und wirkte betroffen, der Verlust setzte ihr zu. Laut ihrer Aussagen fand sie meinen Vater liebevoll und beschützend. Ich stutzte. *Beschützend*? Kein einziges Mal hatte er mich beschützt, nicht vor meiner Mutter, nicht vor brenzligen Situationen. Im Gegenteil; *alleingelassen* hatte er uns. Ich war verloren, wuchs ohne leiblichen Vater auf. Wie könnte so jemand als *liebevoll* wahrgenommen werden?

Ich unterdrückte meine Widerrede und telefonierte eine Stunde lang mit ihr. Ich genoss das Etablieren einer Verbindung, was vor allem daran lag, dass sie einiges über mich wissen wollte. »Weißt du was?«, entfuhr es mir. »Ich komme dich besuchen. Wo wohnst du?«

Zwei Wochen später war ich da. Sie lebte auf Usedom und saß seit über zehn Jahren als gebrechliche Frau im Rollstuhl, gehen konnte sie nur noch unter Schmerzen. Bei unserer ersten Begegnung stand sie auf und war überwältigt von Emotionen und Nervosität. Ich war schockiert über die Ähnlichkeit zwischen uns. Sie war groß, schlank und hatte feine Gesichtszüge.

Ich durfte sie bei sich zuhause besuchen und wir bauten ein Vertrauensverhältnis auf. Zunächst redeten wir fast ausschließlich über ihren Bruder, meinen Vater. Nach und nach verlor ich meine Scheu, weil sie vor allem *meine* Version erfahren wollte. Mit zittriger Stimme erzählte sie mir von dem väterlichen Teil unserer Familiengeschichte, sprach vom Kriegserlebnis meines Großvaters, den Schwierigkeiten meines Vaters vor allem mit der Bäckerei in Meißen und dem Haus.

Sie beschrieb ihn als jemanden, der es nicht leicht und den Verlust seines Vaters nach dem Krieg nie verwunden hatte. Alkohol wurde sein Trostpflaster und Zufluchtsort. Aufgrund seines geringen Selbstwertgefühls suchte er Bestätigung bei Frauen. Er hatte liebevolle Seiten, konnte diese aber nicht dauerhaft zeigen. Viele Damen fürchteten sich unterschwellig vor ihm, da er seine Liebe nicht gut ausdrücken konnte.

Für einen Moment setzte ich an, seine dunklen Seiten in den Mittelpunkt zu rücken, doch ich hielt mich zurück. Der Geist unseres Gespräches war konstruktiv und offen. Ich wollte nicht ›abrechnen‹, sondern *verstehen* – und das gelang nur über Zuhören. Meine Tante tat mir diesen Gefallen.

Sie schien ihn ins Herz geschlossen zu haben, zu *lieben*, sah seine guten Seiten. Und sie ermutigte mich ein paar Wochen später, das Treffen bei Herrn Dr. Kaiser wahrzunehmen.

*

Dr. Kaiser war ein in Meißen ansässiger Rechtsanwalt, der mit dem Nachlass meines Vaters betraut war. Die Immobilie, die ich zuvor noch gesichtet habe und in der wir Tee getrunken hatten, stieg im Wert auf den besagten siebenstelligen Bereich, konnte aber letztendlich nur für eine vergleichsweise kleine Summe versteigert werden. Für einen Moment spürte ich Reue. Ich rechnete nach, was ich mit dem Geld alles hätte anstellen können. Er hatte sie mir angeboten und ich hätte zugreifen können.

Finn und ich reflektierten die Entscheidung und mir wurde klar, dass der Deal nicht daraus bestanden hätte, einfach *ja* zu sagen. Es wäre nicht beim bloßen Kauf geblieben. Ich wäre mit dem Grundstück *verbunden* gewesen, hätte meinen Vater regelmäßig sehen und wohl auch pflegen müssen. Das kam für mich nicht in Frage, diesen Teil meiner Vergangenheit wollte ich hinter mir lassen. Wofür *kämpfen*, wenn von der Gegenseite nie etwas kam? Meinen Vater hätte all das nichts gekostet, im Gegenteil, er hätte womöglich viel von mir erwartet. Eine Sanierung, eine Renovierung, einen Umzug. Die Pflege. Stetiges Erscheinen. Ich war im Begriff, mein Leben aufzubauen. Ich konnte nicht.

Jetzt war er tot und irgendetwas musste mit der Immobilie geschehen. Ein Rechtsanwalt wurde bestellt und dieser trommelte die Kinder meines Vaters zusammen. *Kinder*?

Mehrzahl? Da war was. Immer wieder schien durch, dass mein Vater mit anderen Frauen andere Kinder gezeugt hatte.

Ich telefonierte mit Margarete und sie drängte mich dazu, das Treffen wahrzunehmen, sie selbst konnte nicht nach Meißen reisen. Finn konnte sich nicht freinehmen, so fuhr ich allein.

Auf dem Weg überlegte ich, was wir mit den geerbten Anteilen tun würden. Ich drehte das Autoradio lauter, kam in Stimmung. Zwar war ich nervös, aber doch offen, meine Geschwister kennenzulernen. Vielleicht würden wir das Geld auf den Kopf hauen? Nicht am gleichen Abend, aber was wusste ich schon? Vielleicht würden wir eine Kreuzfahrt buchen. Vielleicht waren Paradiesvögel dabei, Menschen, die in anderen Ländern lebten, andere Kulturen einbrachten oder sonst wie aus der Reihe tanzten. Wir könnten uns gegenseitig bereichern.

Als ich ankam und vor der Tür der Kanzlei stand, ging mir die Düse. Was würden diese Fremden, die denselben Vater hatten, von mir denken? Was über ihre Kindheit erzählen? Würde ich ertragen können, wenn herauskäme, dass sie eine schöne Kindheit hatten? Kannten sie unseren Vater *besser* als ich? War er nur zu mir so unberechenbar? Meine Tante hatte Teile des Bildes korrigiert, aber in Frieden abschließen konnte ich nicht. Wussten sie von mir? Mein Name stand in der Einladung, aber ... hatten sie einen Begriff von mir?

Als ich klingelte, vergaß ich alle meine Träumereien, war nur noch angespannt. Wen würde ich zu Gesicht bekommen, wem unter die Augen treten? Dr. Kaiser öffnete die Tür und empfing mich freundlich, bot mir einen Kaffee an. »Die anderen sind schon da, nehmen Sie schon mal Platz!« Ich war die Letzte, untypisch für mich, aber ich kannte mich in Meißen nicht weiter aus. Unsicher, aber freundlich begrüßte mich die Runde.

Im Hauptraum saßen vier Menschen, von denen ich mich nicht *mehr* hätte unterscheiden können. Katrin war meine älteste Schwester, sogar älter als meine Mutter. Sie wirkte unsicher, aber freundlich. Daneben Mandy, Sina und Dirk, ungefähr in meinem Alter. Auffallend war, dass sie hinsichtlich der Körpergröße kleiner waren als ich.

Die Stimmung war freundlich, alle lächelten, aber ich fühlte mich fürchterlich. Was war das nur? *Die buckelige Verwandtschaft* wäre spitz formuliert. Sie waren anders als ich, standen anders im Leben, waren anders sozialisiert. Ich wusste nicht, ob ich lachen oder weinen sollte, ob ich mich freuen durfte oder was ich tun sollte, war überfordert.

Dr. Kaiser eröffnete die Sitzung. Während er Paragrafen vortrug, begutachteten wir uns aus den Augenwinkeln. Jeder versuchte, Ähnlichkeiten bei dem jeweils anderen festzustellen, auch wenn es eine Situation war, in der ich mich als vier gegen eine sah. Nur langsam fügten sich Puzzlestücke, als Dr. Kaiser einige Details über unseren Vater nannte.

Während des Treffens fühlte ich mich wie in einer anderen Welt. Ich, dunkelblond und groß, stach heraus. Ich war verheiratet, hatte eine Tochter und genoss meinen beruflichen Erfolg und mein erfülltes Sozialleben in Frankfurt. So hart es klingt – es war eine *andere* Welt.

Noch heute, während ich diese Zeilen schreibe, wirft mich dieses Treffen aus der Bahn. Weil es keine Fragen beantwortet, eher neue Fragen gestellt hat.

Kein Kapitel geschlossen, sondern neue begonnen hat. Jedenfalls für diesen Moment.

Entspannung gab es erst, als wir nach dem offiziellen Teil beim Italiener einkehrten. Die Vier-gegen-eine-Rolle löste sich. Ich erfuhr, dass Sina, Mandy und Katrin in Meißen lebten, Dirk in Leipzig. Sie arbeiteten in der Systemgastronomie, in einem Kaufladen und als Werkstoffprüferin, Dirk war Ofenbauer. Wir redeten über die Umstände des Todes meines Vaters und seine letzte Station im Altersheim. Mir wurde kurz anders, als ich mir vergegenwärtigte, dass er einsam und allein gestorben war. Dirk beschrieb ihn als *gewalttätig*. Das warf mich kurzzeitig zurück in die junge Antje, die mit ansah, wie ihre Mutter vergewaltigt wurde. In Summe war niemand traurig darüber, dass er gestorben war, sondern eher darüber, keinen liebevollen Vater gehabt zu haben. Das konnte ich nachempfinden. Wir teilten dasselbe Schicksal – sogar mit demselben Mann.

Zum ersten Mal an diesem Abend, mit Spaghetti Napoli beim Italiener, fühlte ich mich verstanden und nicht mehr wie eine Außenseiterin, die in das Leben von Fremden eindrang.

Das Erbe wurde gerecht aufgeteilt. Ein schöner Sommerurlaub, ein neues Möbelstück. Bis heute ergab sich kein weiterer Kontakt zu meinen Geschwistern. Zu Margarete jedoch schon, ich besuchte sie regelmäßig auf Usedom, auch kurz bevor sie 2022 im Altersheim starb.

*

Über viele Jahre blieb mir der Satz im Kopf, ich sei Vaters »Lieblingstochter« gewesen. Ich konnte wenig damit anfangen. Warum würde er mir all das antun, mich in meiner Jugend mit einer unberechenbaren Mutter allein lassen und sich, auch als ich erwachsen war, nur spärlich um mich scheren?

Das passte nicht zusammen. Mein Verdacht war, dass er sich durchaus eine Lieblingstochter in seinem Kopf vorgestellt hatte, deren Bild ich aber nicht entsprach, aus welchen Gründen auch immer.

Wenn ich vor ihm stand, mochte er mich. Aber war ich abwesend, war ihm das auch recht. Er hat mich nicht vermisst, kein Bedürfnis gehabt, mein Aufwachsen zu erleben oder mich als Erwachsene kennenzulernen.
Rosinenpicken: Sich alle paar Monate melden, vielleicht zu Geburtstagen, und sonst immer dann, wenn es gerade dienlich war.

Das Treffen mit meinen Geschwistern und der Kontakt zu meiner Tante brachten Licht ins Dunkel. Mit meiner Geschichte und Karriere schien ich für ihn aus dem Kreis meiner Geschwister herauszuragen, wie ein Leuchtturm. Sie alle waren respektable Persönlichkeiten, aber mit mir, so dachte er, könnte er sich schmücken, eben mit seiner *Lieblingstochter*.

Mehr als eine fixe Idee sollte das nie werden.

Familie

Viele Jahrzehnte habe ich damit gehadert, keine *richtige* Familie zu haben. Dass viele meiner Lebensstationen *nicht nach Plan* verliefen, sondern kreuz und quer. Dass ich oft diejenige war, die allein im Regen stand und sich *irgendwie behaupten* musste – gegen Widrigkeiten, von denen ich mir sicher bin, dass sie in der Fülle für die Psyche nicht gesund gewesen sein können. Dauernd wurde ich von meiner Mutter geohrfeigt, immer musste ich für mich allein einstehen. Wie oft hätte ich mir schützende Arme oder einfach nur nette Worte gewünscht. Wenn ich vom Sport kam, vom Training oder einem Wettkampf. Wenn ich mich mit Ronny gestritten habe oder von meinem Nachbarn angefasst wurde. Wenn ich im Internat ausgegrenzt wurde, zu meiner Zeit als Wehrersatzdienstleistende.

Wenn ich in meiner ersten Wohnung zwar *glücklich*, aber auch *einsam* war. Wenn ich im Krankenhaus war, weil ich einen Unfall verursacht hatte.

Horst stand immer hinter mir und war für mich da, und in all diesen Momenten hätte ich mir überdies eine Mutter gewünscht, die *da gewesen* wäre. Mir ist bewusst, dass eine solche nichts hätte sagen können, was die spezifische Situation geändert hätte, aber sie hätte mich *auffangen* und *trösten* können. Ein *Mangelhaft* in der Klassenarbeit fühlt sich nicht mehr ganz so schlimm an, wenn die Mutter sagt, dass sie einen trotzdem liebhat.

Der Kontakt zu meiner Mutter war nur noch sporadisch. Zu Geburtstagen meldeten wir uns, und ich schaute vorbei, als ich in der Nähe war. Ich merkte, dass mir der Kontakt zu ihr nicht guttat, hatte aber zu wenig Kraft, ihn vollends abzubrechen.

Ein Tiefpunkt war die Hochzeit mit Finn. Ich lud sie ein, aber sie wollte über meine Gäste bestimmen, Papa Horst nicht sehen. Was dachte sie, wer sie war? Ich kam ihrem Wunsch nicht nach. Ich würde mich freuen, wenn sie käme, aber würde nicht akzeptieren, wenn sie die Gästeliste beeinflussen wollte. Also kam sie nicht. Sie schrieb mir den Brief. Er erklärte und beantwortete viel, aber nicht, warum sie mich so schlecht behandelt hatte. Ich kann bis heute nicht verstehen, wie man einem Menschen Leben schenken und dieses dann derart negativ beeinflussen kann.

Es kann Vergebung geben, aber eine solche muss nicht mit *Versöhnung* einhergehen. *Versöhnung* heißt, dass der zuvor Leidtragende den Leidensverursacher in den Arm nimmt und ›alles wieder gut‹ ist. Mit meiner Mutter ist nicht alles wieder gut, nicht nach unserem Treffen und nicht nach ihrem Brief. Wird es vermutlich auch nie sein. Ich weiß nicht, ob sie realisiert, dass es für ein Kind die Welt bedeutet, wenn die Mutter einen von der Schule abholt – und nicht zuhause einsperrt. Mir schwant, dass das noch immer nicht zu ihr durchgedrungen ist. So kann ich ihr *vergeben* – aber mich nicht mit ihr *versöhnen*.

*

So lebe ich mein Leben und bin nach allem doch dankbar dafür, was es mir beschert hat. Es ist wie mit so vielen Sachen, die einem schicksalhaft widerfahren: Den Sinn erkennen wir erst später. Einmal war ich mit einer Freundin in einem Restaurant. Es war Juni. Meine Freundin entschied sich für Saltimbocca und ich mich für Spargel mit Sauce Hollandaise und Frühkartoffeln. Ich freue mich jedes Jahr auf die Spargelzeit.

Als unser Essen serviert wurde, stellte ich fest, dass der Spargel zu hart war. Der Inhaber nahm meinen Teller mit in die Küche, um kurze Zeit später zurückzukehren und zu erklären, der Spargel sei *genau richtig*. Trotz dieser übergriffigen Art blieb ich ruhig und erklärte, dass der Spargel ungenießbar sei und ich ihn weder essen noch bezahlen würde. Der Teller blieb unberührt. Auf der Rechnung war das Wurzelgemüse dennoch vermerkt und ich weigerte mich, diesen Posten zu bezahlen. Der Inhaber wurde laut und forderte die vollständige Zahlung. Um die Situation zu klären, rief ich die Polizei. Als die Beamten eintrafen, schilderte ich den Vorfall. Der Inhaber wurde hysterisch, doch am Ende konnten wir das Restaurant verlassen – *ohne* zu bezahlen.

Heute denke ich mir: *Hättest du die vierzehn Euro einfach auf den Tresen gelegt.* Aber nein. Wenn mich meine Vergangenheit eines gelehrt hat, dann, dass ich kämpfen kann.

So war es immer, allerspätestens seit meiner Zeit im Internat.

*

Wir leben in politisch stürmischen Zeiten. Ganz oben steht das Thema *Migration*. Daran anknüpfend suchen wir nach unserer *Identität*, als Individuen aber auch als Gesellschaft. Wir diskutieren über Klimapolitik und darüber, wer deutsch genug ist. Ich versuche, in diesen Debatten meinen Standpunkt zu finden. Mir fällt die Parallele auf: Damals beschimpfte mich ein Kumpel meines damaligen westdeutschen Partners als »Ausländerin«, die fernbleiben möge.

Man könnte sagen: Wir haben es nicht geschafft, viele Millionen DDR-Bürger in die Bundesrepublik zu integrieren – und versuchen es nun mit Hunderttausenden von Menschen, vornehmlich Männern, die nicht unsere Sprache sprechen und in einer anderen Kultur aufgewachsen sind.

Ich sage nicht, dass das nicht funktionieren kann, ich wünsche es mir sogar. Ich grüble nur darüber, was wir aus den 1990er-Jahren gelernt haben und ob wir mit Demut und Köpfchen an die immer noch bestehenden Aufgaben herangehen.

*

Zu Horst pflege ich noch heute einen intensiven Kontakt. Wir telefonieren zwei, drei Mal die Woche, ich habe ihm so viel zu verdanken. Er ist meine Familie und auch ein wunderbarer Großvater.

Das Klarwerden, dass es immer Unterschiede zwischen meiner Halbschwester Jenni und mir gegeben hatte, war ein schmerzlicher Prozess. Jenni war fordernd und ich empfand sie als unsensibel mir gegenüber. Sie forderte Unterstützung und Zuwendung, die sie allerdings nicht bereit war, mir zu geben. Sie hatte ihren Papa Horst und erkannte nicht, dass ich nicht ihre Mutter war, sondern ihre Halbschwester. Mit jedem Konflikt löste ich mich weiter von ihr, bis hin zum Kontaktabbruch, den ich auch zu meinem Halbbruder Maik vollzog.

Mein Leben lang kämpfte ich darum, von meinen Bezugspersonen gleichbehandelt zu werden. Ich wollte die gleiche Zuwendung von Papa Horst erhalten. Zwar erfuhr ich Liebe und Unterstützung von ihm, aber es war nicht die bedingungslose Liebe, wie sie einem eigenen Kind zuteilwird. Heute ist meine Sehnsucht danach schwächer geworden – klar, mit Mann und Kindern. Aber sie ist immer noch in mir verwurzelt. Überhaupt ist es nicht einfach, sechs Geschwister zu haben und sich dennoch allein auf der Welt zu fühlen. Die Geschichte mit dem Joghurtbecher, der mir verwehrt wurde, unter dem zynischen Kommentar, Jenni sei ja noch im Wachstum, hat mich tief verletzt und begleitet mich bis heute, war sie doch sinnbildlich für die Demütigung, die mir widerfuhr. *Noch im Wachstum.* Ich muss lachen.

Ich trage die Last noch immer mit mir herum, obwohl ich alles im Griff habe. Ich nehme das Leben an und habe gelernt, stolz auf mich zu sein.

Abendessen

Ich wache auf, blicke mich um. Der Strand ist leer. Bin ich eingenickt? Ich schaue zu den Felsen. Mutter und Sohn sind weg. Ich brauche ein paar Minuten, ehe ich mich aufraffe und zur Ferienanlage gehe. Finn wartet schon auf mich. *Zum Italiener?*

Wir speisen Pizza und Fusilli mit Thunfischsauce. Uns gefällt es an der Ostsee. Wir waren auf den Malediven, in Panama, Vietnam und Südafrika, in schneebedeckten Bergen in Kanada und in der heiß-trockenen Wüste Australiens. Und viel in Europa, auf tollen Weinbergen in der Lombardei, in englischen Gärten in Cornwall, in Museen in Brüssel und bei den Polarlichtern in Tromsø. Und jetzt eben an der Ostsee.

Ein bisschen habe ich versucht, wegzulaufen. Habe Karriere gemacht, um mich zu betäuben, mich von meiner Vergangenheit zu entfernen. Ich wollte *Frieden schließen*, habe daran ›gearbeitet‹ und es letztendlich vollbracht. Ich empfinde es nicht als einfallslos, sondern als *Gewinn*, dass ich heute Urlaub an der Ostsee machen und die Seele baumeln lassen kann. Dass wir an den Orten, an denen ich aufgewachsen bin, vorbeifahren können, ohne dass ich mich sofort und unausweichlich an den Unfall erinnere und wieder hineingezogen werde in den grellen Blitz, die Stimmung, die Leute, den Waldgeruch und die schreckliche Botschaft. Das Klingeln an meiner Haustür, das Herausjagen aus heimischen Gefilden.

Der grelle Blitz, der mich über meine Mutter begleitet hat. *Links* eine, *rechts* eine. Und nie die Entschuldigung. Nie die Umarmung. Nur wenn es passte, nie aus sich heraus. Oft, weil sie sich schmücken wollte, wenn ich wieder gut gelaufen war. Oder später, als ich einen spannenden Beruf ergriff. Auch das war mir eine Ohrfeige. Erst gut genug, als sie mich ›vorzeigen‹ konnte.

Der Gram ist verflogen, er ist zu einem Teil von mir geworden, hat einen Teil meiner Seele erhärten lassen. Und dennoch habe ich ihn überwunden. Ich lächle Finn an, er erzählt mir von seinem Fahrrad, das er vorhatte, auf seine Männerrunde mitzunehmen. Zu fünft wollen sie eine Woche in die Toskana. Ich fokussiere mich auf das Gesagte, schweife nicht mehr in die Schwere ab. Möglicherweise ist das eine der Botschaften meiner Geschichte: Wir haben unser Leben in Teilen selbst in der Hand, können viele Ursachen *selbst* setzen. Jeder Schatten kann nur deshalb existieren, weil es nebendran *Licht* gibt. Unsere Aufgabe ist, die Distanz zum Licht hin zu überbrücken.

Als Finn Anfang der 2000er-Jahre um meine Hand angehalten hatte, konnte ich es erst nicht glauben. So viel Schatten, jahrelang nur Dunkelheit. Und dann das? Ich neige den Kopf zur Seite und sehe das Glück. Ich stehe für mich ein, habe aus Liebe geheiratet, nicht aus einem Zweckgedanken heraus.

Ich war nicht erwünscht, aus einem Missbrauch entstanden. Das erfuhr ich aus dem Brief. Meine Mutter war mit sich und ihrem Leben überfordert. Man ließ ihr keine Wahl – und sie ließ es an mir aus. Das werde ich auf meine Lebtage nicht vergessen können, aber ich kann ihr verzeihen. Wir werden nicht mehr zueinander finden, aber mit steigender Lebenserfahrung schaue ich hinter die Kulissen und sehe, dass einiges nicht so ist, wie man es *vor* dem Vorhang darstellt.

Nach dem Tiramisu gehen wir zu Fuß zur Anlage zurück. Wir wollen noch einen Rotwein trinken. Während ich mich im Bad fertig mache, sucht Finn einen Film aus.

»Hey, schau mal. Der ist in dem Jahr auf DVD rausgekommen, in dem wir geheiratet haben. Das ist ein Zeichen!«

Wir schauen den Film an, liebkosen uns, albern herum. Im Anschluss rauche ich eine Zigarette auf der Terrasse.

»Du? Den Film find ich echt langweilig. Wie heißt denn der?«

Finn schaut nach. Es ist *American Beauty*.

Vielleicht gehört *Nicht nach Plan* als Leitmotiv zu meinem Schicksal. So viele Stationen, die anders verliefen, als ich es mir gewünscht hätte. Und doch *liebe* ich es.

Ich durfte so viel lernen und aus den Rückschlägen schöpfe ich Energie, mit der ich viele weitere Leben beeinflusse.

Im Film geht es um das Vorstadtleben einer amerikanischen Familie.

Nach zehn Minuten schlafen wir ein.

Die letzten Seiten

Hallo Antje, ich danke dir für deine Zeit und dein Zuhören.

Du bist enttäuscht und wütend, dies kann ich heute vielleicht verstehen.

»Warum behandelt eine Mutter ihr eigenes Kind so?« – du hast mir diese Frage gestellt und ich mir auch.

Ich werde versuchen, dir meine Vergangenheit und Jugend zu beschreiben. Das Aufwachsen einer Frau, die es nicht besser wusste.

Vielleicht wird es einen Moment der Nachsicht geben, auch wenn ich ihn nicht erwarten werde.

Zu der Zeit, in der ich geboren wurde, schritt die Teilung Deutschlands voran. Ich bin in die Vision eines neuen Staates hineingeboren worden, in den kein Kind hineingepasst hat. Es war in Deutschland derart viel im Umbruch, dass sich niemand mit einem Kind beschäftigen wollte. Jeder hat seine Wahrheit über die Jahre entwickelt und auch ich meine. Ich denke, dies ist normal, um mit der Vergangenheit seinen Frieden zu machen. Macht es das besser? Ich weiß es nicht.

Ich wurde geboren und meine Grundbedürfnisse wurden von meinen Eltern gestillt. Meine Äußerlichkeit schützte mich nicht und ließ meinen Vater nicht weich werden. Ich hatte zu tun, was mir gesagt wurde. Es gehörte sich nicht, zu diskutieren oder Widerworte zu geben, weder vor der Mutter noch vor dem Vater.

Als ich mich zu einer Frau entwickelte, ich war vierzehn Jahre alt, wurde mir die Verantwortung für ein kleines, ebenso hilfloses Wesen überlassen, das zweite Kind meiner eigenen Eltern. Ich war nicht in der Lage, eine Aufgabe dieser Art zu stemmen, ging auf eine polytechnische Oberschule und mein Schulabschluss lag noch fern. Meine freudlose Kindheit war zu Ende und ich hatte erwachsen zu sein. Keinen Moment konnte ich mich wehren. Wenn ich rebellierte, folgten Moralpredigten, in denen ich mich klein fühlte.

Meine Mutter ist selbst mit zwei Jahren als Waise bei ihren Verwandten großgeworden und erlebte nicht viel Zuneigung und Liebe.

Diese Mutter ging die Ehe mit meinem Vater ein, denn sie verlor ihre große Liebe an den Krieg und hoffte auf ein gutes Leben als treusorgende und berufstätige Ehefrau. Mein Vater war ein gutaussehender, starker, jedoch unfreundlicher Mensch.

Er hatte selten ein Lächeln auf seinen Lippen, sodass ich es mir gut merken konnte, weil es jedes Mal so einmalig schien. Er wirkte systemtreu und pflichtbewusst, was ihn hart erscheinen ließ.

Zu jung mit siebzehn Jahren, um für mich selbst zu entscheiden, hatte mir meine eigene Mutter eine selbst bezahlte schmerzhafte Abtreibung aufgezwungen.

Ich hatte einen ersten Freund, den ich sehr geliebt habe und mit dem ich mir hätte ein schönes Leben vorstellen können. Wir waren jung und naiv.

Meine Mehrlingsschwangerschaft wurde unterbrochen von einem Mann, der mir vorkam wie ein Roboter. Er hatte kleine, dicke Finger, war unsympathisch.

Er führte dies mit einer starren und empathielosen Art durch, dass es mir schwindlig wurde. Ich war minderjährig und ein Schwangerschaftsabbruch zu dieser Zeit strafbar, enormer Stress für uns alle. Durch die Abhängigkeit saß ich buchstäblich in einer Lebensfalle, gefangen in einem Spinnennetz, wartend auf die schwarze Witwe.

Diesen zerstörerischen Druck, diese Forderung meiner Mutter, illegal abzutreiben, habe ich nie überwinden können. Ich war in keinerlei Hinsicht selbstbestimmt und frei darüber zu entscheiden, was ich für mich als richtig empfand.

Ich lernte den Beruf der Gärtnerin. Schon immer mochte ich Blumen und Pflanzen jeder Art, die konnten sich jedes Jahr neu und an einem neuen Ort entfalten. Der Wind pustet den Samen der Frucht einfach in eine andere Richtung und die Pflanze kann weiterziehen und sich dann dort niederlassen und gedeihen, wenn die Bedingungen gut sind. Blumen an der direkten See blühen zu sehen, so hoffte ich, dies war ein Funken Hoffnung in meinem Leben.

Mit neunzehn Jahren wurde ich allein in einer nicht eingerichteten Wohnung zurückgelassen. Die Toilette auf dem Flur, teilend mit den Nachbarn. In der Wohnung gab es Risse in den Wänden und die Holzböden schienen abgenutzt. Dieser Ort war kalt und es stellte sich kein warmes Zuhause-Gefühl ein.

Meine Eltern sind umgezogen, da mein Vater an einen anderen Ort an der Ostseeküste versetzt wurde. Wir wohnten in der Nähe des Wassers und dies schien eine große und ehrenvolle Aufgabe für meinen zielstrebigen Vater zu sein.

Irgendwann hörte mein Vater auf, Saxofon zu spielen, obwohl er talentiert gewesen sein muss. Bevor er in den Krieg zog, hatte er in einer Band gespielt und das wohl sehr leidenschaftlich. Ich habe mich oft mit dem Gedanken getröstet und die Umstände so genommen, dass ich mir meine Familie nicht aussuchen konnte und auch nicht deren Umstände und ihre klaren Lebenseinstellungen.

Mir blieb nur die Flucht in ein anderes Leben, ein ebenso aussichtsloses Leben.

Es entstand eine weitere Schwangerschaft. Es war meine große Liebe, zumindest war ich unendlich verliebt, für ihn war ich wohl nur ein Abenteuer. Er verließ mich und ich hörte nie wieder etwas von ihm.

Wenig später lernte ich deinen Vater kennen, neunzehn Jahre älter als ich. Möglicherweise sah ich in ihm einen Ersatz für meinen Vater.

Er wurde jedenfalls für Maik zum Vaterersatz, auch wenn sich die beiden nie wirklich annähern konnten, nicht zuletzt, weil er trank und ständig ausrastete. Obwohl ich das wusste, heiratete ich ihn, ich ging mit einem absurden und berechnenden Gedanken in die Ehe: Ich wollte mich, wenn ich alles sortiert hatte, von ihm scheiden lassen.

Das Leben gestaltete sich unerträglich mit einem Alkoholiker, der mich in meinem zarten Alter von einundzwanzig Jahren immer wieder bis zur Unkenntlichkeit misshandelte und teilweise vergewaltigte. Ich war so hilflos und schämte mich, hoffte auch auf Hilfe aus dem Elternhaus und dem privaten Umfeld. Einer einzigen Dame im Ort konnte ich mich anvertrauen und sie war streckenweise eine Stütze. Sie war zwanzig Jahre älter und lebte ein paar Meter von mir entfernt.

In sehr schlechten Momenten schien mir dennoch alles erfolglos und somit schwieg ich weiter in mich hinein und erlegte mir das Durchhalten auf.

Grundsätzlich liegt es nicht nur am Mann, wenn dieser gewalttätig wird. Auch wir Frauen tragen Mitschuld, wenn der Ehemann unzufrieden ist, so glaubte ich. Aus heutiger Sicht ein absurdes und verachtendes Urteil allen Frauen gegenüber, die ein solches Leid erfahren müssen.

Eine seiner nächsten Ausbrüche mündete in eine physische Vergewaltigung, bei der ich in meinem jungen Leben ein drittes Mal schwanger wurde. Sollte ich diese Schwangerschaft durchleben können und bleibt ein solches Erlebnis für immer?

Auch wenn viele Schwangerschaften in den ersten Wochen abgehen – du wolltest nicht gehen, du bist geblieben.

Es folgten in dieser Horrorehe weitere Demütigungen, starke Prügel, seelische Verletzungen, der absolute Terror war an der Tagesordnung.

Die Scheidung konnte und musste die Folge der Vorfälle sein. Ich war heillos überfordert, in einer Zeit im Leben, die als Jugend bezeichnet wird. Ich bekam keinerlei Unterstützung von meiner Familie, auch aktive Hilfe hatte ich von niemandem. Das Umfeld stellte sich blind, duckte sich weg oder schwärzte einen an, wenn man seine Rolle in diesem Regime nicht gut erfüllte.

Ich war zu dieser Zeit unerfahren und erfahren zugleich und hatte keine schönen dreiundzwanzig Jahre hinter mir. Ich dachte viel an die Begegnung mit meinem ersten Freund, den ich sehr geliebt habe und der mein Leben für einen kurzen Moment bereichert hat. Die damaligen Umstände dieser intensiven kurzen Liebe haben es nicht zugelassen.

Ich wollte auf keinen Fall in dem Bund, den ich mit dem Teufel eingegangen war, weiterleben und mich weiter brechen lassen.

Ich wollte mich scheiden lassen und hoffte auf innere Stärke für diesen vor mir liegenden unbequemen Weg. Ich wollte um jeden Preis verhindern, dass dein Vater Kontakt zu euch hat, und ich dachte mir Geschichten aus, um zu verhindern, dass es ihm erlaubt war, euch zu sehen.

Dein Erinnerungsvermögen muss früh eingesetzt haben und ich habe es unterschätzt, dass es bleibende Schäden bei dir gegeben hat. Du musst stark gelitten haben.

Leidend und missverstanden, Antje, so habe ich mich auch oft gefühlt. Es rechtfertigt nicht, dass ich es nicht besser bei dir gewusst habe.

Ich habe immer gehofft, dass es wahr sein könnte, oder ich hatte es mir so eingebildet, dass die frühsten Kindheitserinnerungen nicht bleiben werden oder mit der Zeit verblassen. Immer ein Stückchen weniger präsent, wenn du größer geworden bist. Ich habe mich geirrt und festgestellt, wie meine Lieblosigkeit bei dir verankert war.

Ich habe mir immer gewünscht, dass auch ich diese traumatischen Erlebnisse und schlechten, lebensbedrohlichen Erfahrungen vergessen kann, aber es ist nicht leicht, sich zu lösen.

Als alleinerziehende Frau mit zwei Kindern war ich zur damaligen Zeit gezeichnet. Ich hatte kein Selbstbewusstsein und mein Stimmungsbarometer drohte einzufrieren. Alleinerziehendes Elternteil zu sein galt zwar nicht offiziell als *gescheitert* und es war nicht ungewöhnlich, da die Scheidungsrate in der DDR grundsätzlich hoch war. Ich habe versucht, mir ein neues Umfeld zu schaffen. Ich wollte Lebendigkeit spüren und vergessen. Ist es nicht normal, wenn wir leben?

Ich besuchte Tanzveranstaltungen, ging in die Gaststätte, wollte Abwechslung zum Alltag in der Gärtnerei, mich spüren und lebendig sein.

Ich hatte zwischenzeitlich eine andere Gärtnerei übernommen.

Dein Bruder war alt genug, um auch auf dich mit aufzupassen. Ich konnte mich immer auf ihn verlassen. Wir beiden verstanden es gut miteinander zu sein und dies meist auch ohne große Worte.

Ich lernte Horst kennen, der mit ein paar Kommilitonen aus seinem Wohnheim unterwegs gewesen war. Ich war älter als er, doch das war optisch nicht zu sehen. Er arbeitete nicht, sondern befand sich noch im Medizinstudium. Er hatte etwas Schüchternes und Unerfahrenes an sich. Ich habe ihn gemocht und es beflügelte mich, dass er Interesse an mir hatte.

Ich hatte schließlich schon zwei Kinder und es fühlte sich für mich gelegentlich wie ein zusätzliches Hindernis an, einen neuen Partner zu finden. Horst war geduldig und nicht fordernd.

Ich lernte seine Familie nach einiger Zeit kennen.

Ich hatte großen Gefallen an Horst gefunden und schwebte auf Wolke sieben. Er war groß gebaut und sehr gebildet. Ich wollte, dass es richtig gut wird und wir uns ein gemeinsames Leben aufbauen werden.

Ich hatte genug von dem Alleinsein und mein Leben meinte es für einen Moment richtig gut mit mir. Wir trafen uns regelmäßiger und er besuchte mich mit seinem graublauen Trabant 60. Wir machten Ausflüge zum Bodden, dem mit Schilf umrandeten Gewässer nahe der Ostsee.

Graugänse umkreisten uns und ab und zu schaute ein Zander aus dem Wasser zu uns herüber.

Er fragte mich noch während seines Studiums, ob ich ihn heiraten wolle. Ich freute mich darüber, auch wenn ich skeptisch war, ob ich noch einmal den Bund der Ehe wagen sollte und ob ich dies überhaupt konnte.

Welche Abhängigkeiten würde ich eingehen? Ich entschied mich für diesen Mann. Wir liebten beide das Wasser, eine uns verbindende Gemeinsamkeit. Wir gingen oft am Strand spazieren und beobachteten den Horizont am Ende des Wassers.

Mit Maik und dir hatte ich zwei Kinder mit in die Ehe gebracht und hätte es dabei auch belassen können. Es stand immer mal wieder im Raum zwischen Horst und mir.

Im neuen Wohnort, an dem meine Eltern seit ein paar Jahren wohnten, hatte ich eine neue Planstelle in der dortigen Gärtnerei erhalten und ich freute mich darüber. Ich wollte neu starten.

Horst und ich entschieden uns dafür, direkt an die Ostsee umzuziehen, wenn auch mit gemischten Gefühlen. Ist es gut, in die Nähe der eigenen Eltern zu ziehen? Es reifte in mir der Gedanke und ich hoffte auf einen Neuanfang mit ihnen. Ich glaubte daran, dass sich alles positiv auf meine Eltern auswirken könnte. Das Erlebte vergessen und erträglich werden zu lassen. Einen Umgang finden, der es uns möglich macht, aus den vergangenen Fehlern zu lernen.

Meine Mutter war genau wie mein Vater ihr ganzes Leben berufstätig. Sie hat sich nicht viel selbst gestattet oder an das eigene Leben große Erwartungen gestellt. Ich schon.

Meine Mutter musste doch mitbekommen haben, dass es mir nicht gut ging in den Jahren, nachdem sie umgezogen waren. Ich hatte nicht gelernt, mit meiner Mutter über Beziehungen offen zu sprechen.

Die Zeit war aufs Überleben ausgerichtet und nicht auf die eigenen Bedürfnisse in der Familie.

Einerseits freute ich mich, dass du deine Oma so gerne hattest, andererseits war ich eifersüchtig, dass sie dich immer willkommen hieß und du dich bei ihr wohl gefühlt hast. Oft reichte eine unachtsame Bemerkung von meiner eigenen Mutter, die die Vergangenheit erneut gegenwärtig erscheinen ließ, und die Streitigkeiten begannen. Ich habe dir oft verboten, deine Oma zu besuchen, wenn es mal wieder eskalierte. Eine nicht zu verstehende Strafe, die nichts mit dir zu tun hatte.

Ich kann dir nicht beschreiben, warum ich dir so viele Verbote ausgesprochen habe und nicht einfach ja sagen konnte, wenn du etwas wolltest.

Ich habe es nicht übersehen können, dass du erfolgreich im Sport gewesen bist und eine unfassbare Leidenschaft in dir entfacht war.

Ich empfand es als Bedrohung, nicht zu wissen, was ich wirklich gut konnte.

Ich hätte glücklich und stolz auf dich sein können, konnte es jedoch nicht, weil ich mich selbst so betrogen gefühlt habe.

Du hattest eine Begabung mitbekommen, schnell laufen zu können. Ich war aber nicht in der Lage, sie dich ausleben zu lassen.

Die gemeinsamen Strandspaziergänge mit Horst wurden weniger, denn er hatte sich entschieden, im Ausland zu arbeiten. Somit war er lange Abschnitte im Jahr nicht bei uns.

Ich war darauf innerlich nicht gut vorbereitet, obwohl ich es wusste, dass es irgendwann so weit sein würde. Ich hatte zu diesem Zeitpunkt drei Kinder zu versorgen, wenn auch nicht finanziell allein. Maik war schnell erwachsen geworden, ihr musstet im Haushalt früh mithelfen und Verantwortung übernehmen. Jenni war ein schüchternes, angepasstes Kind, ein Papakind.

Das schürte Eifersucht in mir. Ich wollte mich nun erst recht bei der Erziehung von Jenni anders verhalten, toleranter und großzügiger. Ich hoffte, dass Jenni dies merkte.

Ich erkannte nicht, dass all das direkte Auswirkungen auf dich hatte, denn du hattest es anders erfahren. Sie bekam einen Wellensittich und ich stimmte sogar einem Hamster zu, obwohl ich dir einen verboten hatte. Ich habe damit nur mein eigenes Gewissen beruhigt. Wahrscheinlich habe ich nicht unbedingt dazu beigetragen, dass du ein gutes Verhältnis zu deiner Schwester bekommst.

Du und dein Bruder hattet in der Vergangenheit ein Meerschweinchen mit nach Hause gebracht. Ich konnte dieses Tier nicht erlauben und ihr hattet es im kalten, unisolierten Dachboden versteckt und wolltet es vor mir retten. Ihr konntet nicht wissen, dass es auf einem Dachboden im Winter nicht überleben kann. Es half auch nichts, dass ihr das Meerschweinchen in eine Papierbox mit gelbem Stroh gesetzt hattet. Das Tier verstarb einsam bei eisiger Kälte.

Jenni umsorgte den Hamster in ihrer kleinkindlichen Art und trotzdem blieb die Arbeit an mir hängen. Ich wollte keinen Hamster und auch keine Haustiere.

Die Reisen von Horst dauerten zunehmend länger und ich arbeitete auch den ganzen Tag. Abends war ich erschöpft von den langen Tagen von der eigenen Bewältigung des Haushalts, der körperlichen Arbeit in der Gärtnerei und dem Alleinsein. Ich hasste mein Leben und die Rolle, in die ich gedrückt wurde, um mich zu schützen. Täglich wurde ich mit meiner Überforderung konfrontiert und hatte das Gefühl, mein eigenes Leben zu verpassen. Ich wollte auch *schöne* Sachen sehen und unternehmen.

Ich machte mich nett zurecht, gönnte mir den wöchentlichen Friseurbesuch und begann, wieder zu tanzen. Es reizte mich, wenn ich wahrgenommen hatte, dass Männer mich anschauten und mir einen Cocktail ausgaben.

Wenn Horst heimkam, freute ich mich nicht mehr und er freute sich auch nicht mehr auf mich. Ich vermutete, er kam nur noch aus dem Gefühl einer Schuld heraus zu Jenni und natürlich dir. Wir stritten immer mehr, manchmal laut. Manchmal schwiegen wir nur, bis er wieder fuhr.

Horst konnte mir nichts mehr recht machen. Er kochte für sein Leben gerne und eines Tages kochte er eine leckere Hühnersuppe, die ich von ihm eigentlich sehr mochte. Doch diesmal schmeckte sie anders und dies nicht, weil sie wirklich anders schmeckte, sondern weil ich die Suppe nicht mehr von ihm zubereitet haben wollte.

Ich brachte dies verletzend zum Ausdruck und es brach ein heftiges Wortgefecht darüber aus. Er nahm die Suppe wütend in seine kräftigen Hände, schüttete sie unkommentiert in die Toilette und ging. Ein paar Spritzer verblieben auf der Toilettenbrille und erinnerten für einen kurzen Moment an diesen Vorfall, bis ich sie wegwischte. Der Rest der Ehe war weggespült worden und ich war wieder allein mit mir und der Vergangenheit.

Ich habe mich während deiner Kindheit und Schullaufbahn nicht um deine Interessen und Entwicklungen gekümmert. Es lief so. Du warst schnell in deinen Bewegungen und dein sportliches Können wollte ich nicht sehen.

Dein Schulabschluss rückte näher und ich wusste, dass jeder der Schulabgänger eine Berufsausbildung beginnen konnte, egal, ob es den Neigungen der Jugendlichen entsprach.

Du bist in die Lehre gegangen und von zu Hause ausgezogen, nur selten an den Wochenenden nach Hause gekommen. Warum, das kann ich heute erahnen.

Die Mauer war gefallen und wir sollten nun frei sein. Ich sollte frei leben dürfen und ich wusste überhaupt nicht, was dieser neue Aufbruch für mich bedeuten würde. Alles hatte sich innerhalb kurzer Zeit grundlegend geändert.

Das Schulsystem für Jenni, die Produkte im Laden, die Preise, plötzlich standen mir unbekannte Automarken vor der Tür. Kombinate schlossen und Produktionsgenossenschaften hatten ausgedient.

Die Umstellung fiel mir schwer, denn ich kannte nichts anderes als das sozialistische System.

Gab es das neue System auf Rezept für mich oder war die Rezeptur noch in der Erprobung?

Ich war mal wieder überfordert. Die vertrauten Strukturen wurden aufgebrochen.

Die Menschen in meinem Umfeld waren wie in Trance und redeten über die vielen Möglichkeiten, die sich ergeben werden. Es gab Gewinner und viele Verlierer.

Es war kein Traum, sondern die neue Realität, die angebrochen war.

Ich war noch eine kurze Zeit in der Gärtnerei und dann kam es zur Übernahme durch einen Investor aus dem Westen. Ich wurde auf einen Lehrgang in die Zentrale geschickt, in der ich die Abläufe neu lernen sollte.

Ich hatte immer gedacht, Blumen und Pflanzen gäbe es auch im Westen und die Bürger in Ost und West würden sie gleichermaßen mögen. Blumensamen, Wasser und die richtige Ausrichtung – das ist unabhängig von Systemen, in denen wir leben.

Maik und du hattet eure Ausbildungen erfolgreich abgeschlossen. Ich hingegen wusste nicht, ob ich erneut meinen Platz im Leben finden würde.

Du hattest dich entschieden, ein neues berufliches Feld zu erkunden und die jüngere Generation hatte bessere Chancen.

Du hast es versucht, aber wenig über deine neuen Erfahrungen erzählt, obwohl ich oft nachfragte. Mir wurde klar, dass du mich nicht mehr brauchen würdest.

Jenni war noch klein und ich lebte nun allein mit ihr, während Horst im Krankenhaus arbeitete.

Nach der Wiedervereinigung Deutschlands begannst du, Fragen über deinen leiblichen Vater zu stellen. Ich war nicht gut darin, dir Antworten zu geben, da mich die Konfrontation mit meiner Vergangenheit beschämte.

Ich bewundere deine Entschlossenheit, mit der du deine Mutter aus deinem Leben gestrichen hast. Einfach die Schere nehmen und den Kontakt abbrechen! Genau das hatte ich mir jahrelang für mein eigenes Leben gewünscht – meine Jugend und meine Eltern abzuschneiden und mein eigenes Leben zu gestalten. Doch ich habe es nicht geschafft, ich war zu schwach.

Der Respekt davor, dass sie mich gezeugt, geboren und ernährt hatten, hielt mich zurück. Sie waren nun mal meine Eltern, und das war ein Gedanke, der immer wieder in meinem Kopf kreiste.

Man sollte seine Eltern ehren, solange sie noch da sind, denn man hat sie nur einmal im Leben.

Du hast bisher so viel in deinem Leben erreicht, worauf du wirklich stolz sein kannst.

Ich bedauere zutiefst, dass es mir nicht gelungen ist, eine gute Beziehung zu dir aufzubauen.

Herzlichen Glückwunsch zu deiner Stärke.

Ich wünsche dir alles Gute für dein weiteres Leben und hoffe, dass dir zukünftiges Leid erspart bleibt.

Diese Worte kommen von der Frau, die dich zur Welt gebracht hat.

Deine Mutter Frida